图书馆杂记

A Library Miscellany

〔英〕克莱尔·科克-斯塔基　著

陆紫莹　译

A Library Miscellany by Claire Cock-Starkey

Oxford: the Bodleian Library, 2018

中译本译自博德利图书馆出版社2018年版

涵芬楼文化 出品

目 录

1 序

5 世界十大图书馆

7 联合国图书馆最受欢迎的图书

8 失落的图书馆

12 公共图书馆贷款数额变化

13 著名的虚构图书馆

16 馆藏珍品:《金刚经》

17 图书馆之最

20 最受欢迎的作者

22 实施呈缴本制度的图书馆

24 公共借阅权

27 未来图书馆

29 气味图书馆

- 30 流通图书馆
- 32 查尔斯·达尔文在"贝格尔号"上的图书室
- 35 美国国会图书馆图书分类法
- 37 窃书贼
- 41 图书馆的照明
- 45 杜威十进制图书分类法
- 48 图书馆建筑上的刻字
- 51 纽约公共图书馆的狮子
- 53 图书馆慈善家:安德鲁·卡内基
- 55 作家们的藏书
- 58 图书馆滞纳金
- 59 梵蒂冈机密档案室
- 61 国家图书馆
- 64 欧内斯特·沙克尔顿在"持久号"上的图书室
- 67 植物标本室
- 69 魔术师图书馆
- 70 馆藏珍品:《汉堡圣经》
- 71 图书馆手写体
- 74 艺术图书馆
- 77 大英博物馆阅览室

- 79 图书馆慈善家：J.P.摩根
- 81 华盛顿国会图书馆
- 83 总统图书馆
- 85 流动图书馆
- 87 图书的储存
- 90 借阅次数最多的十本有声书
- 92 美国图书馆里争议最大的作品
- 95 作家档案馆
- 98 图书馆的"天敌"
- 101 书籍的形式
- 104 大英图书馆
- 106 名人名言中的图书馆
- 108 著名的图书馆馆员
- 110 公共图书馆简史
- 113 图书馆馆员的主保圣人
- 116 馆藏珍品：小熊维尼
- 117 图书馆馆员指南
- 120 图书馆相关术语词汇表
- 127 馆藏珍品：《高夫地图》
- 129 图书馆慈善家：亨利·E.亨廷顿

- *130* 英国最繁忙的图书馆
- *131* 图书馆里的"禁书"
- *136* 馆藏珍品:《谷登堡圣经》
- *137* 图书馆的椅子
- *140* 跨境图书馆
- *141* 大学图书馆
- *143* 最早的图书馆藏书编目
- *145* 馆藏珍品:《凯尔经》
- *147* 有史料记载的第一位图书馆馆员
- *148* "种子图书馆"
- *149* 图书馆馆员——网络时代前的"搜索引擎"
- *151* 全球的呈缴本制度
- *153* 图书馆慈善家:约翰·赖兰兹
- *155* 图书卡片分类编目
- *159* 约翰·迪伊遗失的个人藏书
- *161* 索书号
- *162* 电影中的图书馆
- *164* 英国公共图书馆的一些数据
- *166* 现代图书储存方式
- *168* 一些借阅逾期超长的图书

- *170* 巴黎的美国图书馆
- *172* 监狱图书馆
- *174* 联合国教科文组织世界数字图书馆
- *175* 馆藏珍品:《独立宣言》
- *176* 图书馆里借阅量最大的图书种类
- *178* "泰坦尼克号"上的图书馆
- *180* 图书馆的规章制度
- *184* 馆藏珍品:《海湾诗篇》
- *186* 一些值得一提的有趣的特别馆藏
- *190* 儿童图书阅览室
- *193* 白手套
- *194* 馆藏珍品:《奎德林堡〈圣经〉残本》
- *195* 大英图书馆的基础馆藏资源

- *199* 图书馆发展年表
- *205* 中外文译名对照表

序

意大利作家翁贝托·埃科曾经说过:"图书馆里最珍贵的书是我们还没读过的书。"这句话提醒了我们一件事:知识跟世界上的书籍一样是无穷尽的,与一座堆满了我们未曾读过的书籍的图书馆相遇也就是获得了无与伦比的财富——知识和探索的无尽可能。

图书馆的存在鼓励我们与书籍打交道,引领我们去探索、享受书籍的世界。最开始,图书馆是仅供学者享用的;但是如今,学习已经是人人都能拥有的权利,对所有人开放的公共图书馆就是全世界的财富。

图书馆是让儿童开始接触书籍并学会阅读的好地方,对他们日后与书本的"缘分"有深远的影响。对很多人来说,小时候带着兴奋和喜悦走向图书馆的经历就是关于童年的集体回忆。

图书馆不仅仅是个藏书库。很多图书馆就像博物馆一样，藏品包括了硬币、纪念章以及古董、地图、乐器乐谱、昆虫标本、专利证书和照片。有些图书馆本身藏书量很小，更多的是充当其他不同藏品的陈列室，比如艺术图书馆和植物标本室，或者是奥斯莫提克（Osmothèque）这样的气味图书馆。

不同的图书馆，形制和规模也不尽相同，大到最庄严而古老的大学图书馆，小到用小电话亭改造成的乡间图书馆，应有尽有。不管是流通图书馆、流动图书馆、公共图书馆、大学图书馆，还是数字图书馆，本书都会一一介绍。

人类文明史已经证明，只要是有书本和文字的地方，就会有人收集书籍、设立图书馆。显然，收集和分享我们的文明史成果这一强烈欲望和迫切需求是难以抑制的。很多图书馆都是私人创立的，比如安德鲁·卡内基、托马斯·博德利爵士、J.P. 摩根、亨利·E. 亨廷顿等等，他们都极具远见，并乐于与世人分享他们对书籍的热爱。本书会着重介绍他们留下来的"知识遗产"，以及其他私人图书馆创始人和主人——比如约翰·迪伊和查尔斯·达尔文——的故事。

图书馆并不仅仅是一间收藏了书籍和手稿的室内"藏书库",它还是人们了解藏书采购、整理、分类和陈列这一过程的窗口。因此,图书馆学的相关知识也是本书想要探讨的话题,比如科普杜威十进制图书分类法、"解密"索书号,以及介绍呈缴本制度。优秀而尽责的图书馆馆员对图书馆的运营至关重要,合理的管理系统能让读者更方便地搜索图书馆藏书和数据库,并能在目标图书分类里找到自己想要的那一本书。得益于把相似主题、相似学科领域的书摆在一起这种方便读者进行"偶然检索"的方法,读者在书架上找到一本有用的书后,也很可能会顺藤摸瓜找到第二本、第三本。

本书不光会带你领略全球图书馆的全貌,也会选出一些世界上最有名、最具代表性的图书馆馆藏珍品进行单独、详细的介绍,例如《凯尔经》、《小熊维尼》的原型、史上第一本木刻印刷书籍《金刚经》、北美第一本印刷书籍《海湾诗篇》,以及欧洲第一本活字印刷书——《谷登堡圣经》。此外,本书的内容还包括了世界上各种奇特的图书馆以及相关逸事:世界上借阅量最大的图书、"泰坦尼克号"上的图书馆、著名的虚构图书馆、失落的图书馆、窃书贼、纽约公共图书馆门口的狮子雕像,以及为热衷于历史真相的读者学者们敞开大门的梵蒂冈机密档案室。

  图书馆的存在给人一种极大的安全感,因为我们知道自己的文化、知识、历史和文学作品都得到了保护和保存。它们被分门别类地陈列在书架上,随时能给所有人提供精神上的慰藉。这本书是对所有大大小小的图书馆的致敬。所以请享受这本书,细细地读一读这一封很详尽的、写给图书馆的"告白信"吧。

世界十大图书馆

鉴于不同的图书馆对书籍和藏品的分类方法不尽相同,收藏品条目的数量并不能作为唯一衡量图书馆规模的依据。比如,一家图书馆可能会把100本类似的书归到同一个条目下,而另一家则会选择把它们分成独立的100个条目。因此,如果仅考虑图书分类方法的不同,图书馆藏书规模的比较和排名标准也会有各种不同的变化。尽管如此,我们还是根据各家图书馆自己公布的数据列出了一个2017年十大图书馆的排名:

图书馆	所在地	藏品数
美国国会图书馆	华盛顿	1亿6200万
大英图书馆	伦敦	1亿5000万
加拿大国家图书档案馆	渥太华	5400万
纽约公共图书馆	纽约	5300万
俄罗斯国立图书馆	莫斯科	4400万
法国国家图书馆	巴黎	4000万

图书馆	所在地	藏品数
俄罗斯国家图书馆	圣彼得堡	3700万
日本国立国会图书馆	东京/京都	3600万
丹麦皇家图书馆	哥本哈根	3500万
中国国家图书馆	北京	3400万

联合国图书馆最受欢迎的图书

位于纽约的达格·哈马舍尔德图书馆,也就是联合国图书馆,在2015年公布了该年度最受欢迎的新书:拉莫纳·佩德雷蒂所著的《国家首脑及国家官员的国际犯罪豁免》。联合国要员和各国大使竟然会借阅关于国家首脑如何逃避国际法制裁的书,这足以让世人为此感到震惊和不满。图书馆负责人很快就针对这件事澄清道,尽管佩德雷蒂的著作被借阅过两次、搜索过四次,可以说是最受欢迎的新书,但是全馆最受欢迎的书其实是马拉拉·优素福·扎伊的《我是马拉拉》。[①]

[①] 译者注:马拉拉·优素福·扎伊(又译为:玛拉拉·尤苏芙札)是巴基斯坦的一名女权主义者,致力于为巴基斯坦妇女和儿童争取权益,曾于2012年因宣传妇女权益被塔利班袭击,2013年成立马拉拉基金会,并相继被美国总统奥巴马与英国女王伊丽莎白二世接见,2014年获得诺贝尔和平奖。《我是马拉拉》是她的个人回忆录。——本书内页下注均为译者注,其余为原注,后不另注。

失落的图书馆

由于战争、自然灾害或火灾的破坏,有一些别具特色的图书馆很不幸地消失在了历史中。以下是五座已被摧毁的图书馆:

廷巴克图的图书馆　位于西非的马里共和国曾在廷巴克图建过好几座古老的图书馆,这些伊斯兰教历史档案馆曾藏有大量关于13—17世纪伊斯兰教法制、历史和宗教思想的重要文献和手稿。多年来,这些图书馆(有些位于当地显赫家族的私宅中)曾多次遭受炮火袭击的威胁,那些珍贵的手稿也曾因多次被藏进柜子里或是埋进沙土里而逃过一劫。令人伤心的是,在2013年,一支武装部队袭击并纵火烧毁了廷巴克图的两座图书馆。很多人都担心馆内收藏的手稿和文献被销毁,然而幸运的是,当地人用金属箱子成功地把40万份珍贵文献转移了出去。这些箱子都有两把锁保护着,在接下来的几个月内散落到不同人手里,因混在首都巴马科的收藏家和商人的藏品中而得以幸存。希望在日后，有人能将这些文献安全地从不同人手中重新收集起来。

格拉斯哥艺术学院图书馆　这座由格拉斯哥建筑设计师查尔斯·伦尼·麦金托什设计的标志性新艺术派[①]建筑在2014年毁于一场火灾。大部分于1909年落成的建筑物外墙在火灾中没有遭到太大的破坏，但是很大一部分装饰着别致的木质镶板、摆着精致木雕书桌的精美房间和内饰不幸被毁。万幸的是，消防队员通过机敏而高效的救援行动抢救出了很多藏品和学生艺术作品。之后，怎么重建图书馆这一问题引发了激烈的争论，一部分人号召按照原样重建，另一部分人则坚持认为麦金托什本人会更乐意看到一座全新的、不同的图书馆。2015年4月，校方宣布将会照原样重建图书馆，恢复它昔日的荣光。

亚历山大皇家图书馆　这座古图书馆位于埃及的亚历山大城，于公元前3世纪初建成，被誉为古典主义文化宝库。据称，该馆藏有大概70万卷古文献。

---

① 新艺术派（Art Nouveau）是19世纪末、20世纪初在欧美发展起来的影响深远的艺术流派，是形式主义思潮的一部分。该派别反对矫饰过度的维多利亚风格，强调自然风格和工艺。

这座图书馆的消亡是确凿无疑的,但是它消失的时间却一直没有定论。关于该图书馆被毁的记载在不同的历史时期都有,因此,它消失的过程很可能持续了很长一段时间。普鲁塔克是第一位为该图书馆的末日而哀悼的人,根据他在公元前48年的文字记载,这座图书馆是尤里裘力斯·恺撒的部队在一次围城进攻行动中意外烧毁的。但是,也有人认为该馆其实是狄奥多西一世为了消灭异教信仰,于公元391年摧毁的。另外一种说法是,它是在640年才毁于穆斯林军队的入侵。值得一提的是,尽管有不同的文献资料都记载了这座图书馆,考古学家至今仍未发现任何确凿可信的遗迹和遗址,因此一些历史学家认为该建筑可能根本就不存在。

巴格达国家图书馆 2003年伊拉克战争期间,巴格达国家图书馆被烧成了灰烬,数不清的珍贵手稿、书籍和报纸资料也因此毁于一旦。据估计,该图书馆有60%的文献和25%的书籍在战乱中遗失了。现在这座图书馆已经重建。近年来,图书馆一直致力于将幸存的藏书数字化,以便能在将来更好地保存这些文献资料。

美国国会图书馆 华盛顿举世闻名的美国国会图书馆曾在1851年平安夜毁于一场大火。该馆约5.5万册藏书中的三分之二被烧毁,其中包括了该馆1815年收藏入库的托马斯·杰斐逊私人日记的大部分手稿。好在国会在火灾过后迅速采取措施,募集了一笔资金来重新购买大部分遗失的书籍。如今,国会图书馆是世界上最大的图书馆之一,馆藏图书超1700万册。

公共图书馆贷款数额变化

以下是英国特许公立财政与会计协会（CIPFA）公布的数据，它展示了英国的公共图书馆在十年内（2003年4月—2013年4月）贷款数额（单位：英镑）的变化趋势：

借贷项目	2003年4月	2013年4月
儿童读物	86 792 620	89 169 968
虚构类图书	168 433 713	106 987 071
非虚构类图书	85 700 275	51 087 684
所有图书	340 926 608	247 244 723

总的来看，在2003年4月，4622家公共图书馆除政府补助资金外，靠自身运营共取得111 225 000英镑收入。然而到了2013年4月，这一数据明显下降，4145家图书馆的总进账为85 136 000英镑。

著名的虚构图书馆

很多文学作品、电影和电视剧都描绘了一些极具想象力的图书馆,这些虚构空间也获得了大众的喜爱。

巴别图书馆　《巴别图书馆》是阿根廷文学家博尔赫斯(1899—1986年)于1941年创作的一篇短篇小说。博尔赫斯创造了一个虚拟世界,即一家"无限图书馆",馆内有世界上所有的图书,但书里的内容都是彻头彻尾的废话、胡话,因此图书馆馆员们永远都在寻找真正"有意义"的书。

霍格沃茨图书馆　在J. K. 罗琳的《哈利·波特》系列中,霍格沃茨图书馆是推动剧情发展的重要场景。这座图书馆堆满了魔药学、魔咒和魔法史领域的魔法书,是哈利、赫敏和罗恩在反抗伏地魔的斗争中的重要阵地。

太阳谷高中图书馆　这是20世纪90年代电视热剧《吸血鬼猎人巴菲》中的图书馆,很不幸地正好建在地狱之口的上方。好在善良的图书馆馆员为巴菲提供了大量相关的书籍和资料，帮助主人公战胜恶魔和其他不为人知的邪恶力量。

"看不见的巫师学院"图书馆 这座图书馆是英国著名幻想小说家特里·普拉切特《碟形世界》系列中虚构的图书馆，馆内收藏有各种关于魔法、历史和哲学的书，甚至还有还没写成的书。在《碟形世界》中，书籍是魔法力量的一个重要来源，可以扭曲和改变空间和时间，这座图书馆本身就是一个魔法世界。该馆的馆员是一只大猩猩，它不费吹灰之力就能从高高的书架上把书拿下来。

迷宫图书馆 在翁贝托·埃科1980年的小说《玫瑰之名》中，这座修道院图书馆是最大的基督教图书馆，但是只有馆长和他的助手才能进去。这座图书馆被设计成迷宫的样子，其形制其实是一张由书本按国籍分类摆成的世界地图。

诺瑞尔先生的何妨寺藏书室 在英国小说家苏珊娜·克拉克的小说《英伦魔法师》中，吉尔伯特·诺瑞尔先生的藏书室收藏有全英最经典的英伦魔法书籍。诺瑞尔先生特意用一个迷宫魔咒来保护他的那些宝贝藏书，只有跟着诺瑞尔先生本人才能找到藏书室的入口，而那些试图自己找到入口的人只会在看似走不到头的走廊里徒劳地原地打转，不管怎么走都只会回到起点。

馆藏珍品：《金刚经》

现在大英图书馆所藏的《金刚经》是世界上最早的完整印刷品。《金刚经》是一部可追溯到公元868年的佛教经文，文字是工匠们用木活字印刷术印到一幅由7张纸拼接起来的、5米长的纸卷轴上的。中文《金刚经》可以说是佛教经文中最重要的一部，是佛教信徒吟诵、背诵并口口相传的经典（据说，要花40分钟才能念完经文全文）。尽管在此之前还有别的印刷本，但《金刚经》的意义在于其印在经文末尾的日期。大约公元1000年时，这本经文与其余4万余册文献一起被埋在敦煌莫高窟千佛洞其中的一个洞穴中。当地干燥的沙漠气候使这些书籍文献免遭侵蚀的厄运。1900年，一个叫王圆箓的道士发现了这一隐秘的洞穴。1907年，英籍探险家和考古学家马克·奥雷尔·斯坦因哄骗王圆箓向他出售一些古文献，其中就有《金刚经》。当时人们并没有意识到这部经书的重要性，不过如今它已经是大英图书馆的核心馆藏了。

图书馆之最

世界上最古老的图书馆　亚叙古国（今伊拉克）古都尼尼微的亚叙巴尼帕图书馆被认为是世界上最古老的图书馆。这座由亚叙末代国王亚叙巴尼帕（公元前668—前630年）设立的图书馆遗址在1850年被考古学家发掘，考古学家发现的楔形文字刻板和记载了亚叙古国历史、法制的残卷超过3万件。考古证据表明，这座图书馆拥有一套规范的图书分类和管理系统。

现存最古老的图书馆　位于摩洛哥非斯市的卡拉维因大学图书馆是一位突尼斯商人的女儿法蒂玛·菲赫里亚在859年设立的。菲赫里亚毕生致力于设立和建设清真寺、大学和图书馆，很快就把卡拉维因建设成了当地的伊斯兰宗教文化中心。自该馆落成的那一天起，它一直都向学者们敞开大门。近年来，这座图书馆一直在进行重建和维修，并于2016年顺利完工。

世界上最古老的公共图书馆　意大利城市切塞

纳的马拉特斯塔图书馆建于1452年，是世界上历史最悠久的公共图书馆。至今，该建筑物保存完好，内部的装饰仍保持原样，很多书也还按照中世纪的传统用铁链绑在诵经台上。

英语国家最古老的公共图书馆 曼彻斯特的切塔姆图书馆建于1653年，是英国最古老的图书馆。根据纺织业富商汉弗莱·切塔姆（1580—1653年）的遗愿，当地用他的遗产建成了这座图书馆。该馆一直致力于为学者们免费提供可媲美牛津大学与剑桥大学图书馆的学术资源。

世界上最小的图书馆 尽管很多电话亭图书馆和弹出式图书亭都被认为是世上最小的图书馆，然而，根据世界纪录学院（World Record Academy）的"官方"记录[1]，世界上最小的图书馆位于加拿大爱德华王子岛。这座袖珍图书馆长宽都仅有3.5米，但它的藏书量却相当可观，多达1800册。

世界上最大的图书馆 华盛顿的美国国会图书馆拥有世界上最大的藏书量，馆内书架排列起来总长度可达1348千米，馆藏量达1.6亿册。每天，该馆图书资源新增量大约有1.2万份。

世界上最高的图书馆 中国的上海图书馆有24层楼,高106米,是世界上最高的图书馆。

世界上最大的单室图书馆 都柏林圣三一大学的长屋建于1712—1732年间,纵深65米长。两层楼高的书架分列在这间精美的长屋两侧,从一头延绵至另一头。1860年,图书馆多加了一个壮观的拱形屋顶,以扩充空间。长屋收藏有圣三一大学图书馆20万册最古老的图书,其中就包括了《凯尔经》。

注 释

[1] 吉尼斯世界纪录并没有"世界最小图书馆"这一项目,因此并未正式承认这一纪录。

最受欢迎的作者

英国的公共借阅权（PLR）制度会从境内图书馆中收集数据，以保证图书的作者在其作品每次被借出的时候都能得到一笔相应的补偿金。以下列表提供了21世纪第一个十年内（2000—2010年）英国图书馆中最受欢迎的作者的数据。

作者	图书借阅次数
杰奎琳·威尔逊[1]	1600万次
丹妮尔·斯蒂尔[2]	1400万次
凯瑟琳·库克森[3]	1400万次
约瑟芬·考克斯[4]	1300万次
詹姆斯·帕特森[5]	1100万次

---

[1] 英国女作家，以儿童文学著名。
[2] 美国通俗文学作家，畅销书作家。
[3] 英国女作家。
[4] 英国女性畅销书作家。
[5] 美国知名惊悚推理小说家。

作者	图书借阅次数
R.L. 斯泰恩[①]	1000万次
米克·英克潘[②]	1000万次
珍妮特与艾伦·阿尔伯格夫妇[③]	900万次
罗阿尔德·达尔[④]	800万次
阿加莎·克里斯蒂	800万次

---

① 美国著名惊险小说家,著有《鸡皮疙瘩》系列。
② 英国当代著名童书插画家与作家,代表有《小狗奇普》系列。
③ 珍妮特和艾伦·阿尔伯格夫妇是英国图画书作家,作家丈夫艾伦负责文字,画家妻子珍妮特负责画图,《快乐邮差过圣诞》是他们的代表作。
④ 挪威籍英国儿童文学作家,代表作有《查理与巧克力工厂》《玛蒂尔达》《詹姆斯与大仙桃》等。

实施呈缴本制度的图书馆

1610年,牛津大学博德利图书馆的创始人托马斯·博德利与英国出版同业公会协商达成一致,英国境内每一本出版物都要向他的图书馆呈缴一份副本作为存档。这一协议为后来呈缴本制度的形成奠定了基础。这一制度于1662年正式开始实施。

该制度要求英国的出版商每出版一本书都要向牛津大学与剑桥大学的图书馆以及皇家图书馆(今大英图书馆)各提供一份副本。[1]呈缴本制度起到了对英国出版业的保护作用,确保了国内图书出版量和收藏量的持续增长。1709年颁布的第一部《版权法》对这一制度进行了修订,1911年进行了再次修订。2003年和2013年,呈缴本制度的适用对象范围扩大到了网络和电子资源,比如网站、博客、光盘

---

[1] 如今,大英图书馆是唯一一座自动接收英国与爱尔兰境内每一本出版物副本的图书馆。其他家图书馆则有权要求出版者呈缴过去一年内出版的任何一本图书的副本。

和社交网络资源,确保图书馆能跟上技术革新的步伐。下列图书馆(图书馆名称后括号内的年份为它们开始实施呈缴本制度的时间)是英国六大实施呈缴本制度的图书馆:

牛津大学博德利图书馆(1662年)

剑桥大学图书馆(1662年)

大英图书馆(1709年)[1]

苏格兰国家图书馆(1709年)[2]

都柏林圣三一大学图书馆(1801年)

威尔士国家图书馆(1911年)

注 释

1 前身为皇家图书馆。
2 前身为大律师图书馆,即苏格兰爱丁堡大律师协会的法律图书馆。

公共借阅权

《公共借阅权法案》是一道于1979年通过、适用于英国全国的法令。该法令规定，公共图书馆的图书被借走时，这本书的作者、画手或者翻译都能因此得到报酬。与版权不同，公共借阅权制度代表着对作者知识产权的承认。作者每年都能得到一笔政府提供的资金，其金额是根据公共图书馆借阅记录中该图书被借出的次数计算出来的。在2014—2015年，每本书每借出一次的报酬是7.67便士，整个年度该项资金的最高额度为6600英镑。[1]一般来说，这个制度能追踪到英国全境的图书馆借出记录。2014—2015年，借出次数最多的十本书为：

1. 李·查德《私人》
2. 李·查德《永不回头》
3. 彼得·罗宾森《屠宰场惨案》①

---

① 是作者悬疑小说家彼得·罗宾森所创作的"班克斯警探"系列中的一本。

4. 罗伯特·加尔布雷斯[2]《蚕》

5. 詹姆斯·帕特森《未解之谜》

6. 詹姆斯·帕特森《不幸的13》

7. 吉莉恩·弗林《消失的爱人》[1]

8. 彼得·詹姆斯《想要你死》[2]

9. 杰弗里·阿切尔《小心别许错了愿》[3]

10. 杰夫·金尼《小屁孩日记》

---

[1] 美国女作家、编剧、制片人,《消失的爱人》是她2012年出版的爱情悬疑小说,这本小说于2014年被改编成同名电影在美国上映,弗林亲自担任改编电影的编剧。

[2] 英国惊悚悬疑小说家,代表作为"罗伊·格里斯探案系列",2014年出版的《想要你死》就是其中之一。

[3] 英国保守党政治家、作家。

注 释

1 2016年，22 607个人里只有219人得到了最高的6600英镑，其余17 718人每人仅得到1英镑不到的金额，甚至有人一分钱也没得。
2 J. K. 罗琳的笔名。

未来图书馆

2014年,艺术家凯蒂·帕特森提倡设立了一家"未来图书馆",该项目计划在未来100年内收集全球100位作家的100部作品。这些作品将会原封不动地在奥斯陆图书馆封存至2114年,届时每部作品都会印刷出版3000份来与广大读者见面。

第一位提交自己作品的是加拿大文学家玛格丽特·阿特伍德。[1] 2015年,阿特伍德公布了这部作品的名字——《文人的月亮》,但是没有公布任何其他细节,大家并不知道这是小说、诗歌,还是其他体裁,也不知道它是只有一个字还是有10万字。2016年,第二位作家大卫·米切尔[2]也参与了进来,递交了他的作品《从我身边流走的那条名为时间的小河》。

每位参与这一项目的作者都需要提交一份作品的电子版和一份作品的纸质版,并且承诺不透露作

---

[1] 加拿大著名文学家,代表作为《使女的故事》。
[2] 英国作家,小说《云图》的作者。

品内容,让这些秘密尘封至2114年。帕特森还在挪威奥斯陆的努尔马卡森林种了1000棵树,这些树将在2114年为这些解禁后的图书提供印刷原材料。

气味图书馆

奥斯莫提克博物馆（Osmothèque，词源来自希腊语 *osme* 和 *theke*，意思分别为"香味"和"贮藏"）是法国凡尔赛宫内的一家香水档案馆。这间建于1990年的香水宝库收藏的香水超过3200种，其中400款是已经停产的"绝版"。该馆的收藏就是一部香水制作史，很多香水品牌和销售商都向奥斯莫提克捐赠了他们的香水样品，包括以前的旧款以及当季的新款，目的就是为了把他们的香水配方保存下来。这些香水被储存在一间特别的暗室里，室内恒温12℃，还加了一层惰性的氩气加以保护。馆内收藏了一些早已绝版的、非常古老的香水，比如诞生于14世纪的"匈牙利皇后水"和1820年的"圣赫勒拿岛上的拿破仑"古龙水。尽管并不对公众开放，奥斯莫提克每年仍会举办一些座谈会和研讨会活动，让香水迷们能有机会来探索这些香水珍藏的秘密。

流通图书馆

在免费的公共图书馆出现之前，人们可以在流通图书馆里借阅书籍。在18世纪和19世纪，这种图书馆很受欢迎。当时只有很少人能买得起大量的书，于是他们就用这些书设立了流通图书馆，向其他人收取会员年费来提供借书服务。和现在的图书馆一样，流通图书馆的会员如果不能按时还书也要付罚金。当时英国大部分大城市里都有流通图书馆，会员大多来自上流社会和中产阶级，毕竟每年1基尼的会费（借阅图书数量不限）超出了普通工人阶级家庭的承受范围。[1]18世纪最大的流通图书馆是位于伦敦利德贺街的密涅瓦出版社图书馆。这家图书馆是威廉·莱恩在18世纪90年代设立的，据称藏书超过2万册。

有人认为，流通图书馆在一定程度上推动了维

---

[1] 基尼是英国旧货币，大约与英镑等值。19世纪英国普通工人家庭一年的工资不到10英镑。

多利亚时期小说的流行和发展，当时的人们不一定会想要自己去买一本小说，但他们可以在图书馆里用很低廉的价格借一本来看。维多利亚时期的穆迪图书馆自1842年开张以来，都以收录宣扬社会模范道德的书籍为主打王牌，也有很多的流通图书馆格外青睐女性作家的作品和哥特小说。由于流通图书馆书籍借阅市场的红火，很多图书馆运营商也因此进军出版行业。然而，1850年后，免费的公共图书馆陆续出现，图书的价格也开始下降，流通图书馆也因此逐渐退出了图书市场。

查尔斯·达尔文在"贝格尔号"上的图书室

    自然学家查尔斯·达尔文曾乘坐"贝格尔号"进行了为期5年的环球航行（1831—1836年）。就是在这次航行中，达尔文对自然界进行了大量的观察研究工作，这为他的自然选择学说奠定了基础。在船上，达尔文一直都在船尾的楼舱室里生活和工作，其图书室中有近400册书供他进行研究。可惜的是，该图书室的分类编目遗失了，而在返回英国的途中，这些书也散落各地，未能全部带回国。不过，在20世纪80年代，《达尔文书信集》的编辑们通过整理达尔文的信件和笔记手稿，复原了一份书目，上面列有他们认为曾属于"贝格尔号"图书室藏书的132本书。2012—2014年，"达尔文在线"网站接手了这一整理工作，工作人员经过认真细致的搜寻和研究，终于找到了可能曾属于达尔文的"贝格尔号"图书室的180部作品，即404册图书，并建立了一个网络数据库收录这些书籍。下面这份清单就是达尔文图书室里的一小部分书目：

◆ 查尔斯·赖尔《地质学原理》（1830—1833年）

◆ 亚历山大·冯·洪堡《新大陆热带地区旅行记》（1819—1829年）

◆ 莱昂内尔·韦弗《新航行与美洲地峡概况》（1699年）

◆ 威廉·丹皮尔《新环球航行》（1697年）

◆ 詹姆斯·库克《太平洋航行》（1784年）

◆ 普·德·拉佩鲁斯让-弗朗索瓦·德·加洛[①]《环球航行》（1798—1799年）

◆ 亚历山大·考尔德克拉夫《南美洲游记》（1825年）

◆ 帕特里克·赛姆《沃纳颜色命名法》[1]（1821年）

◆ 约翰·弥尔顿《失乐园》（1667年）

◆ 阿龙·阿罗史密斯《新世界地图集：最新权威汇编》（1823年）

◆ 乔治·居维叶《动物界》（1827—1835年）

---

① 法国军官、探险家，1785年奉法国国王路易十六之命率领一支探险队进行环球航行。

注 释

1. 这本书很经典,可以说是近代版的潘通色卡。这本书的主要目的是为了方便动植物的分类和绘制,书中提供了很多色调的色卡,相应领域的科学家和自然学家可以用来在他们的著作中做颜色标注,确保后续补上的插图所用的颜色与动植物本身的颜色相吻合。

美国国会图书馆图书分类法

图书馆和图书馆馆员最重要的一个任务就是为馆内的藏书分类并编成目录，使得馆内图书管理井然有序，也方便读者检索。在图书馆的发展过程中，形成了好几种图书分类法，最常用的一个国际通用分类标准就是华盛顿国会图书馆首创并使用的美国国会图书馆分类法（Library of Congress Classification system，简称LC）。这一图书分类管理办法形成于19世纪末、20世纪初，是当时美国国会图书馆用来进行图书分类的方法，不过很多大型图书馆，尤其是一些学术图书馆，也会采纳这一分类法进行图书管理。

这一分类法规定，所有图书都被分成21个大类，每一大类用一个字母表示。每个图书大类下又分为若干二级分类，每一类也用一两个字母表示。比如，法律丛书这一类用字母K表示，在这一大类下继续细分，KBM代表犹太教法律，KBP是伊斯兰教法律，KBR是基督教法律史。二级分类下还会按书籍所属的历史时期、地理位置或者文本种类（期刊、图书、手稿等等）划分三级分类，三级分类用1—4位的数字来表示。比如，KBP469代表的就是"伊斯兰教法律对其他法律体系的影响"这一分类。这种按图书主题和知识门类进行分类的办法也使得"随机检索法"得以形成，因为相似学科和知识门类的图书都会被分在一起，读者在找到了自己需要的其中一本书之后，也能在这本书旁边、在同一个书架上找到其他相关的、有用的图书。

窃书贼

自从图书馆诞生以来,一直都有些无耻之徒从阅览室里顺手牵羊,偷走珍稀的书籍和手稿文献。在中世纪,图书馆一般会拿铁链把珍贵的书绑在诵经台上,防止小偷下手,而在如今,大多数存放珍本的藏书室会雇用保安来把守大门。以下是几位最胆大包天的窃书贼的故事:

1. 2012年,有人发现意大利那不勒斯的吉罗拉米尼图书馆有大量珍本被盗。令人极为震惊的是,这起窃书案的犯人不是别人,竟然是当时的馆长马力诺·马西莫·德·卡罗本人。而且,被窃的书目还包括了亚里士多德和伽利略的多部珍本。德·卡罗为了掩盖自己的罪行,甚至毁了图书馆的馆藏书目,还雇了人来伪造赝品以替换被偷的真品。不过窃书案发生后,意大利警方只用了18个月就找回了将近八成的被窃书籍。

2. 梵蒂冈图书馆收藏了大量珍贵的历史文献和

手稿。其中一份是14世纪的一部罗马时代的农学专著，还是诗人彼得拉克曾经收藏并做过批注的版本。哪怕图书馆的安保措施已经很严格，还是有人非常粗暴地撕下了好几张这本书的书页并偷了出去。负责这一事件的调查人员在查明真相后相当震惊：把这些印有精美插图的书页偷走的是一个名叫安东尼·梅尔尼卡斯的美国学者，30多年来，他都是梵蒂冈图书馆的常客。这位"老顾客"在多年后突然图谋不轨，撕下并偷走这些珍贵的资料，并打算卖给一位从事珍稀古籍交易的商人。梅尔尼卡斯一直没有承认自己的偷窃罪行，但是他也在1996年以非法走私贩卖古籍的罪名被判入狱监禁14个月。

3. 2006年，耶鲁大学图书馆的一名馆员在阅览室里发现有人掉了一把X-Acto刀，因此抓住了一个想要偷走馆内珍藏地图的贼。这位窃书贼名叫爱德华·福布斯·斯迈利三世，是一名地图销售商。在被抓到后，斯迈利承认自己曾从6家图书馆里（包括了伦敦的大英图书馆）偷走过97份珍贵的地图，总价值超过300万美元（当然很多人认为这只是他罪行的冰山一角，他究竟犯下了多少起偷窃罪还是一个谜)。斯迈利因此被判罚监禁3年半,并处以200万美元罚金以补偿图书馆的损失。

4. 多年来,瑞典皇家图书馆有近60部珍贵的古书被偷走,其中包括约翰尼斯·开普勒的经典著作《宇宙和谐论》(1619年版)和托马斯·霍布斯的代表作《利维坦》(1651年版)。2014年,经调查发现,罪魁祸首是该馆古籍收藏部门的负责人安德斯·布吕尔斯,他在十多年内连续多次下手,偷走并出售了图书馆里的多本珍稀古籍。布吕尔斯被捕并出庭接受审讯,之后自杀身亡,很多被窃书籍的寻找线索也就断了。

5. 威廉·雅克是英国最能偷的窃书贼,人称"巨著杀手"。雅克第一次行窃被发现是在2002年,他当时承认已偷窃和出售了超过500册珍稀藏书,价值超过100万英镑,其中就包括了他从剑桥大学图书馆偷走的伊萨克·牛顿的初版书,除此之外他还从伦敦图书馆偷走了大量藏书。在逃亡古巴一段时间后他又回到了英国,很快被抓获归案并被判监禁。在刑满出狱后他又从伦敦的英国皇家园艺协会林德利图书馆中偷走了13册珍稀藏书,在被当场抓到时,他口袋里就藏着一本要偷出去的书,还有一张列有70册"待偷书"的书目。这次被抓获后,雅克被判处三年半的监禁,以及终身禁止进入英国境内的所有图书馆。

图书馆的照明

如今,我们早已习惯了灯火通明的图书馆,馆内明亮的电灯照明让我们不用费太大劲儿就能在书架上搜寻我们需要的书。然而,在好几个世纪以前,世界上第一批大学图书馆刚建成开放的时候,这些建筑物都必须考虑怎样能最大限度地利用自然光来保证图书馆的正常照明和使用。就拿牛津的博德利图书馆来说,在1602年图书馆第一次开放使用的时候,托马斯·博德利爵士就有一条极其严苛的规定,严禁在馆内使用烛火和火焰照明,目的是保护馆内的珍贵藏书。然而,这就意味着图书馆只能在白天开放。这一规定一直延续到1929年,等到全馆都安装了电灯后才废止。

按照中世纪的传统习惯,图书馆内摆放的不是书桌而是木质诵经台,书都用铁链绑在诵经台上以防被偷走,窗户一般都是采光效果最好的落地窗,以便让室外的自然光照到供人阅读的诵经台上。15世纪,印刷术得以大范围应用了之后，书籍的出版成本降低了，图书馆的藏书规模也因此大大增加，大部分的老诵经台就被弃用了，以更节约空间的高大书架替之。当然，书架能满足图书馆扩大藏书量的需求，却牺牲了采光度，毕竟高大的书架一定程度上阻挡了光线在室内的传播。在这一时期刚建成的图书馆，比如1695年建成开放的剑桥大学三一学院莱恩图书馆，都建有高屋顶，还有又长又高的窗户，目的就是为了增加采光度，让光线能照到高书架上。

19世纪的时候，图书馆开始采用像汽油灯这样相对实惠又安全的人造光进行照明。法国建筑师亨利·拉布鲁斯特（1801—1875年）也采纳了这一新技术，在他为巴黎设计的两家图书馆，也就是法国国家图书馆和圣·热纳维耶芙图书馆的阅览室里，就采用了这种新的照明方式。拉布鲁斯特所设计的钢架结构建筑（使用钢架结构一定程度上是为了降低汽油灯可能引发的火灾风险）非常实用，它们屋顶很高，以铁柱作为支撑和装饰，加上宽大的窗户，采光效果很好。拉布鲁斯特这一使用铁制结构和汽油灯来优化图书馆采光和照明的创举影响深远，美国很多新建的图书馆都采用了这种方法。其中最著名的是落成于1878年的巴尔的摩皮博迪图书馆，这座图书馆内有一个巨大的中庭，中庭顶部是宽大的玻璃天花板，两边分列五层楼高的阅览室和书架，配以汽油灯照明。

并不是所有人都融入了汽油灯时代。大英博物馆1850年新建成开放的阅览室一开始拒绝使用人造光，只用自然光照明。很多图书馆馆员都质疑汽油灯的安全性，指出汽油灯的火苗有破坏珍贵图书的危险。19世纪晚期，电力照明技术发展成熟，很多机构和图书馆都开始使用电灯。1879年，大英博物馆在阅览室安装了弧光灯。随着公共图书馆的出现和开放，读者也要求图书馆有更长的开放时间，于是越来越多的图书馆都开始使用电灯进行照明。如今，现代图书馆有种增加自然光利用率、返璞归真的趋势，力求能在阅览室里最大限度地利用自然光照明。比如瑞典那座壮观的"光之日历"图书馆——即亨宁·拉森设计的马尔默市图书馆——就是一个很好的例子。该图书馆建有宽大的玻璃墙，让自然光能照到空旷的室内。类似的还有美国纽黑文市耶鲁大学拜内克珍本图书馆,这座图书馆没有窗户,外墙是一层蜂窝状的半透明大理石,这一设计能让图书馆室内吸纳并利用柔和的自然光。

杜威十进制图书分类法

麦尔威·杜威于1873年发明的杜威十进制图书分类法（DDC）是世界上历史最悠久的图书分类法，已经被全球135个国家超过20万家图书馆采纳。这一分类法主要是将图书按学科知识门类系统地分为10个大类，也就是说，同一门类的书在图书馆里会被分到一起。[1] 目前通用的10个大类分别是：

000　计算机科学、资讯与总类

100　哲学与心理学

200　宗教

300　社会科学

400　语言

500　自然科学

600　技术应用科学

700　艺术与休闲

800　文学

900　历史与地理

每个大类会进一步再分成10个二级分类,每一类也是由一个数字组成。比如,在"自然科学"这个大类下还有这10个二级分类:

500　自然科学

510　数学

520　天文学

530　物理学

540　化学

550　地球科学和地质学

560　古生物学和古动物学

570　生命科学

580　植物学

590　动物科学

这些二级分类下还会继续用十进制分类法按学科主题分为10个三级分类,三级分类之下又会继续细分,这意味着这一分类法能一直扩充分类,也能涵盖新的知识种类分类。三级分类之下更细的分类会在三位数分类码后再加上附加码来表示,分类码和附加码中间有小数点分隔开,这样整个分类代码会更清晰明了。对杜威十进制分类法进行管理的联机计算机图书馆中心(OCLC)会持续对其进行评估、更新和修订,截止到本书出版,最新的版本是2011年发布的DDC$_{23}$版。鉴于杜威分类法是以阿拉伯数字作为分类代码,相当于各国技术人员的"通用语言",因此这一分类办法细则也被翻译成30多种语言,供各国图书馆和相关工作人员使用。

注 释

1 据说,高产的美国作家艾萨克·阿西莫夫的作品涵盖了杜威十进制分类法10个大类中的9类,他是至今唯一能有此成就的作家,他唯一没有涉足的领域是代码为100的哲学类。

图书馆建筑上的刻字

很多图书馆都会把一些座右铭或者名著名句刻在图书馆的建筑上，以此激励读者。以下是一些图书馆建筑上的刻字：

"只要人类还拥有阅读的能力和对知识的渴求，书籍就一直是获取学识的钥匙。"

——纽约布鲁克林公共图书馆

"启蒙人类心智，像能驱散黑夜之邪恶的日出一样，消灭人类身心的桎梏与压迫。"

——罗德岛大学图书馆

"研究真理、认识真理和相信真理乃是人性中最高的美德。"

——摘自《培根随笔·论真理》，
华盛顿国会图书馆

"牛津学者们啊,为了人类之福祉,托马斯·博德利为诸君与知识共和国之全体公民献上此图书馆。"

——牛津大学博德利图书馆

"书籍本身就是自由

"它们把自由赋予渴求它的人民

"它们解放忠于知识的人民。"

——洛杉矶公共图书馆

"智慧为首,故须求智慧。求智慧,须竭尽所能以求知。"

——曼彻斯特中心图书馆

"公民教育是守卫共和国秩序与自由的重中之重。"

——波士顿公共图书馆

"图书馆是高等学府的心脏。"

——耶鲁大学斯特林纪念图书馆

"此乃灵魂之食粮。"

——柏林皇家图书馆

"要有光。"

——爱丁堡中心图书馆

"心智即人本。"

——剑桥大学玛格达林学院佩皮斯图书馆

纽约公共图书馆的狮子

位于第五大道第42街的纽约公共图书馆门口的那一对大理石狮子是纽约的城市地标之一。投资方用8000美元的报酬聘请雕刻家爱德华·克拉克·波特来设计这对狮子的造型，又花了5000美元请皮奇里利家族①亲自操刀，用粉白色的田纳西大理石（中央火车站和林肯纪念堂也使用了这种建材）把这对狮子雕刻了出来。自纽约公共图书馆1911年落成开放以来，这对3米高、约1.8米宽的石狮子就一直在欢迎人们的到来。一开始，人们用图书馆创始人约翰·雅各布·阿斯特和詹姆斯·伦诺克斯的名字给它们起了个昵称，亲切地叫它们"阿斯特狮"和"伦诺克斯狮"。不过1930年的时候，当时的市长菲奥雷洛·拉瓜迪亚提议给它们改名，用新名字来代表纽约市渡过当时经济大萧条难关所需的精神品质。

---

① 皮奇里利家族是意大利裔的雕刻家家族，美国有很多雕塑都是他们的作品。

从那时候开始,它们就成了"耐心"和"坚韧"(南侧的那只叫"耐心",北侧的叫"坚韧")。多年来,纽约人都会给这对狮子装饰打扮一番来庆祝节日或者当地体育运动队的比赛胜利。不过,在2004年,由于要对狮子雕像进行清洗、维护以恢复它之前的英姿,这一"梳妆打扮"的传统就暂时停止了。

图书馆慈善家：安德鲁·卡内基

安德鲁·卡内基于1835年出生于苏格兰丹弗姆林，他的一生是从社会底层一路奋斗成为工业大亨与最负有盛名的图书馆慈善家的一生。1848年，由于经济窘困，卡内基举家移民美国的宾夕法尼亚州。12岁的时候，卡内基在一家棉纺厂当缠线童工。一心想要上进和改变自身条件的他如饥似渴地读书，还参加夜校进行学习。之后，卡内基先是在一家电报局工作，后来被宾夕法尼亚铁路公司聘用，并很快就在公司里平步青云。他在工作中证明了自己的投资能力，很快就作为一名精明的投资人获得了相当可观的商业股份。在前往英国的一次商业旅行中，他结识了一些钢铁行业的人，看到了美国发展钢铁行业的潜能，并成立了之后如日中天的卡内基钢铁公司。

卡内基65岁的时候，决定把公司以4.8亿美元的价格卖给J.P.摩根，退出工业行业，专注于他之前就有意从事的慈善事业。他公开表示，富人有利用自己所持财富来造福公众的义务，出于这一动机，他在世时曾捐出过总计至少3.5亿美元的善款。卡内基特别关注图书馆的发展和民众自我教育资源的情况，但是当时公共图书馆非常少。于是，1883—1929年间，卡内基斥资5600万美元为英语国家建设了2509座图书馆，其中美国境内1689座，英国境内660座。他投资的第一座图书馆位于他的家乡丹弗姆林，于1883年建成。

卡内基投资建设的图书馆中，影响最深远的一个特点就是开架阅读：开放的书架让读者能直接看到图书，也让图书馆的藏书更易于借取、阅览。尽管有很多卡内基图书馆现在已被改建成了公共建筑、博物馆或者是办公楼，更多的还是开放至今，仍然坚持着安德鲁·卡内基所热衷的大众图书馆服务事业，为民众服务。

作家们的藏书

有些像得克萨斯大学哈利·兰塞姆中心这样的图书馆会专注于收集并保存一些作家私人图书馆或藏书室的藏书,让我们通过这些书籍对这些作家的创作灵感有更深的了解。兰塞姆中心包括有以下这些作家的藏书:

弗吉尼亚·伍尔夫 兰塞姆中心收藏有弗吉尼亚·伍尔夫私人藏书中的100册(伦纳德与弗吉尼亚·伍尔夫私人藏书室的大部分书籍现由华盛顿州立大学图书馆保管)。其中,有70册是作者题赠给伍尔夫本人的,其中包括了T. S. 艾略特、传记作家利顿·斯特雷奇[1]、E. M. 福斯特和小说家伊丽莎白·鲍恩[2]等人的作品。此外还有些书是伍尔夫自己重新装订的,比如奥托琳·莫雷尔夫人[3]的《告别信》。

---

[1] 英国著名传记作家。
[2] 英国作家、小说家。
[3] 英国贵妇,沙龙主人,是很多作家和艺术家的赞助人。

埃兹拉·庞德　兰塞姆中心里收藏有约650册埃兹拉·庞德的私人藏书，这些书是在1980年从庞德的儿子奥马尔手上收集来的。这些书里，至少有38册是庞德本人完整批阅过的，这些批注能让读者了解他的思想变化过程。在庞德的"私藏"里，其中一部特别珍贵的藏书是T. S.艾略特特别题赠给他的美国1922年初版《荒原》。

伊夫林·沃[1]　伊夫林·沃的个人藏书多达4000册，主要是19世纪和20世纪的文学作品，还有艺术、园艺、设计和建筑方面的书籍。此外，还有些是他的作家同行特地题赠给他的，其中就有格雷厄姆·格林[2]和彼得·昆内尔[3]的作品。

詹姆斯·乔伊斯　乔伊斯的"特利斯特藏书室"里收藏有他1900—1920年间陆续收集的623本书。其中包括了一些乔伊斯本人签名的自己的作品和他用来当作文学创作参考的书，还有很多是其他作家签

---

[1] 英国著名讽刺小说家。
[2] 英国作家、编剧、文学评论家，共获得诺贝尔文学奖提名21次，被称为"诺贝尔文学奖无冕之王"。
[3] 英国作家。

名并送给他的作品。

阿瑟·柯南·道尔 兰塞姆中心里保存有一部分柯南·道尔关于犯罪和唯心论方面的藏书和资料，包括了很多书信、随笔、评论和相关手稿。

杰西卡·米特福德（迪卡）[①] 兰塞姆中心图书馆里收藏有曾属于杰西卡·米特福德本人的166本书，大部分是她为写作《人性与常见刑罚：论美国监狱》而进行研究时用的书。

---

① 英国名流米特福德家族六姐妹之一。丈夫罗米利（丘吉尔的侄子）在西班牙反法西斯战争中身亡后，杰西卡移居美国，放弃贵族身份，投身于民权运动，并在1944年加入美国共产党。曾著有多部对社会思潮颇有影响的著作。

图书馆滞纳金

图书馆滞纳金制度的实施具有全球普适性，是一种用来敦促读者归还到期与逾期图书的手段。大部分情况下，滞纳金的金额不会无限上升，而只会缓慢上涨至某一个上限额（比如说5英镑）。有人对滞纳金制持反对态度，原因是这会让想来借书但经济条件又没那么宽裕的读者打退堂鼓。因此，很多图书馆就采用了很多新办法来替代滞纳金，比如"食偿罚金"就是一个绝妙的主意。它相当于是借阅图书逾期的"赦令"，读者只要向储食箱捐献一些食物，就可以推迟还书日期。根据《吉尼斯世界纪录大全》中的记录，至2018年为止，数额最大的一笔图书馆罚单是对一本儿童诗歌读物——伯顿·E.史蒂文森编写的《天天读读诗》的逾期借阅开出的。1955年，有人从美国伊利诺伊州基瓦尼市立图书馆把这本书借走，47年后才将此书归还。该图书馆的借阅逾期罚金是每天2美分，于是这笔罚金最终数额为345.14美元。

梵蒂冈机密档案室

梵蒂冈机密档案室是1612年由教皇保罗五世创立的。档案室里存放着罗马教廷发布所有的教令,还有教皇的信件、公文和账簿。档案室一般归现任教皇掌管,去世的时候再传给继任者。档案室名字里的"机密"(secret)这个词的用法源于其旧词义,也就是"私人的"(private)和"个人的"(personal),这也意味着这座档案室实际上是教皇的私人档案室。从1881年开始,档案室对研究学者开放。如今,档案室藏有600余组档案文献(最早的一组可以追溯到公元8世纪),摆放文献的档案架总长度达85千米。馆内的重要资料和文献有:

◆ 1521年教皇利奥十世宣布把马丁·路德逐出教会的法令。

◆ 1530年的一份由英国81名牧师、贵族签名盖章的,要求教皇克雷芒七世解除英国国王亨利八世与皇后阿拉贡的凯瑟琳之间婚姻关系的请愿书。

◆ 一份1493年，即克里斯托弗·哥伦布发现美洲后的第二年，正式宣布将美洲分给西班牙和葡萄牙的教皇诏书。

◆ 圣殿骑士团庭审记录的14世纪抄本。骑士团于1307年被法国国王腓力四世逮捕，对他们进行的审判持续了多年。

◆ 苏格兰玛丽女王1586年写给教皇西克斯图斯五世的一封信。这封信是在她被处决前几个月写的，信中的内容重申了她的天主教信仰，并恳求教皇从中调停为她求情。

◆ 关于17世纪梵蒂冈对伽利略·伽利雷"邪教学说"审判的相关资料。

◆ 皈依天主教的南明永历朝皇太后王氏1650年在丝绸上写给教皇英诺森十世的一封信。

国家图书馆

国家图书馆的本质可以说就是皇室自己所藏书籍与手稿的资料室。这些珍贵的资料让人们意识到,有必要将一个国家的精神文明财富保护好、保管好,以传后世。英国第一座官方的国立图书馆是1753年建立的,设在伦敦的大英博物馆内,这也是后来大英图书馆的前身和雏形。这一图书馆的目的是要建设一座国家的"图书资料库",而不是皇室或者教会掌管的"藏书室",因此它要免费对公众开放。不过,鉴于国家图书馆的本质和主要功能是为了收集和保护珍稀、珍贵的书籍和文献,并通过呈缴本制度保证能收到国内所有出版物进行备档,大部分国家图书馆都不允许图书外借,而是仅供读者在馆内阅览室查阅。以下是一些著名的国家图书馆及其设立年份的信息:

图书馆	所在地	设立年份
大英图书馆	伦敦	1753年/1973年[1]
法国国家图书馆	巴黎	1792年
美国国会图书馆	华盛顿	1800年
俄罗斯国家图书馆	圣彼得堡	1795年
德国国家图书馆	莱比锡	1913年
澳大利亚国家图书馆	堪培拉	1960年
巴西国家图书馆	里约热内卢	1810年
中国国家图书馆	北京	1909年
印度国家图书馆	加尔各答	1953年
爱尔兰国家图书馆	都柏林	1877年
佛罗伦萨国立中央图书馆	佛罗伦萨[2]	1714年
日本国立国会图书馆	东京	1948年
埃及国家图书馆档案馆	开罗	1870年
苏格兰国家图书馆	爱丁堡	1925年
威尔士国家图书馆	阿伯里斯特威斯	1907年

注 释

1 "印刷出版图书管理局"于1753年设在大英博物馆内部。1973年,新的国家图书馆设立,合并了之前图书管理局里的藏书。
2 实际上,意大利有9座国家图书馆,其中有两座中央图书馆,一座在佛罗伦萨,另一座规模更小的在罗马。

欧内斯特·沙克尔顿在"持久号"上的图书室

当欧内斯特·沙克尔顿爵士[①]1914年踏上向南极点进发的征程时,他把一大批书籍带上了"持久号",带进了他的船舱。[1] 1915年1月,"持久号"被困在了威德尔海[②]的冰川里。于是,沙克尔顿和他的队员们开始了他们那段史诗级的、跨越冰川并最终逃离危险、得以幸存的探险。[2] 困在冰川里好几个月的"持久号",最终被彻底遗弃,然后渐渐沉入海底。因此,历史学家无法对沙克尔顿带上船的藏书内容和细节进行考证。不过,在2016年,有人用数字化技术复原了一张摄于1915年的、沙克尔顿在"持久号"船舱上的照片,终于能让历史学家们得以研究、找出沙克尔顿到底带了什么书上船。研究表明,沙

[①] 英国20世纪探险家,曾多次远征南极,他带领的探险队在南极附近发现了南磁极。
[②] 大西洋最南端的属海。

克尔顿的"船舱藏书"基本上是参考书和探险的记录、资料，还有一些经典传统小说作品和现代小说。

◆ J. B. 阿斯丘《优点与缺点：针对当代主要争议事件对报纸读者的辩论指导》（1896年）

◆ 罗尔德·阿蒙森《西北航道》（1908年）

◆ 弗朗西斯·利奥波德·麦克林托克《福克斯号在北冰洋上的航行》（1859年）

◆ 费奥多尔·陀思妥耶夫斯基《卡拉马佐夫兄弟》（1880年）

◆《不列颠百科全书》

◆ 埃穆什考·奥齐①《埃利奥特小姐谋杀案》（1905年）

◆ 约瑟夫·康拉德《阿尔麦耶的愚蠢》（1895年）

◆《简明牛津词典》

◆ 克莱门茨·马卡姆②《未知区域的入口》（1873年）

◆ 乔治·纳里斯《1875至1876年间前往极地海域的航行纪事》（1878年）

---

① 英国女作家，代表作为《红蘩萝》（又译为《红花侠》）。
② 英国地理学家、探险家。

- 蒙塔古·格拉斯①《波塔什与博尔马特》（1910年）
- 威廉·格尼·贝纳姆《卡塞尔名句录》

注 释

1 沙克尔顿是个狂热的书迷，在他前一次前往南极进行探险（1907—1909年）的途中，他带了一台印刷机，以在漫长的旅途中打发时间。之后，沙克尔顿也成为第一个在南极洲出版书籍的人：1909年，他在南极洲借助茶叶箱拆出来的木板的帮助，印刷、装订了《南极光》一书。
2 1915年"持久号"被困在冰川里的季节是南极洲的冬季，这艘被一块浮冰卡住的船被迫随着漂浮的冰块一起漂泊。28人的探险队最终决定弃船，先是在并不适合人长居的冰面上扎营，随后登上救生艇，划船前往遥远的、没有人烟的象岛。由于感觉等待救援无望，沙克尔顿和其中5名队员乘着一艘小艇，冒着危险划船近1300千米到达南乔治亚岛，最终，找到了一支救援队伍前往象岛，把滞留在那里的其他队员接了回来。值得一提的是，28名队员都幸存了下来，并且都毫发无损地回到了家乡。

---

① 美国籍犹太人律师、作家、短篇小说家。

植物标本室

植物标本室通常收藏有各种不同的植物标本，按照门类陈列，以便植物学家和分类学家寻找、辨别植物，查询它们的学名、生长环境以及开花时间。馆内陈列的每一种植物标本都应包括有表皮、叶、茎、花或果的样本，并附上对应的图或者照片。在更现代化的陈列馆里，植物的DNA样本也会展示出来。馆内的很多植物标本都采用传统的压制和干燥手法制作而成，这种延续了数百年的保存植物样本的技能至今仍是保存植物形状和颜色的最好方法。世界上的植物标本陈列馆有超过3000家，其中很多陈列馆都以某一植物种类的标本为主要展示内容。比如，英国皇家植物园的邱园主要收藏了蕨类和菌类植物的标本；伦敦自然历史博物馆的植物馆主要展出海藻类植物；纽约植物园标本馆的藏品则以新大陆的植物为主。当今世界上最古老的植物标本馆是巴黎的国家自然历史博物馆，这座建于1635年的博物馆也是全世界最大的植物标本陈列馆，所藏植物标本数量超过了800万件。

魔术师图书馆

位于纽约曼哈顿的魔术艺术研究中心建于2003年。这家非营利性机构最主要的职能是图书收藏，即收藏魔术以及催眠术、腹语术、魔术障眼法、杂耍等相关技艺方面的书籍。目前，馆内藏有1.2万余册魔术领域书籍，涵盖了世界上多门语言写成的著作，甚至还有可追溯至15世纪的珍稀文稿。该馆的一大特色是早期魔术的文献资料，其中包括1700年前刊印、出版的500多册书。除图书外，该馆还收藏有数量可观的魔术期刊和记载了各种魔术手法的历史手稿，还有约2万份魔术师之间进行交流的通信信件，其中就包括了著名"纸牌师"埃德·马洛（1913—1991年）的书信。

这家研究所对公众开放，但是若有查阅文献的需要，则必须提先进行预约。

馆藏珍品：《汉堡圣经》

《汉堡圣经》(又叫作《贝尔托多斯圣经》)是1255年为汉堡大教堂制作的一本极其精美华丽的《圣经》。这一特别的《圣经》版本有三大卷，里面附有大量非常精美的手绘，是中世纪艺术的宝贵财富。这本《圣经》根据不同的主题，为各章节绘制了89个精致华美的首字母，每一部分还绘有中世纪图书出版流程的插图。1784年，位于哥本哈根的丹麦皇家图书馆购买了这本《圣经》。考虑到这本书是关于中世纪欧洲图书制作出版工艺的宝贵资料，2011年，联合国教科文组织将它列入了《世界记忆遗产名录》。

图书馆手写体

"图书馆手写体"是一种特别的圆体手写字体，是19世纪至20世纪中期图书馆馆员在接受培训时必须学习、训练的手写字体，也是标准手写体的前身。纽约州立图书馆管理学院在1916年出版的一本图书管理手册中强调了图书馆馆员写得一手好字的重要性：

> 把一门纯机械性的技能当作图书馆管理工作所需的重要素质，强调这一点看起来就像是贬低才智在此项工作中的作用，并设立一个吹毛求疵、华而不实的工作标准。然而不管怎样，事实上，对于想要应聘图书馆馆员的求职者来说，没有什么比写得一手工整的好字更能博得招聘人好感的了。

在图书馆馆藏分类目录还是写在索引卡片上的年代，字体清晰工整是极其重要的，并且人们也觉得图书馆馆员都共用同一种手写体会更好。不同的图书馆使用、推广过各种不同的手写体，发明了杜威十进制图书分类法的图书馆馆员麦尔威·杜威就是倡导推广手写体的先驱之一。在他1887年所编写的《图书馆管理笔记：图书馆馆员、读者与作者的图书管理优化办法与便捷窍门》中，杜威详细介绍了他的图书馆专用手写字体：

1. 字号。字母m写成一倍行距高，或者在每行6毫米标准高的横线分类卡上占5/12行，也就是2.5毫米高。字母d、p、t占1.75行，f、g、j、y、z占满整行，p和q要写在同一行的下3/4处。

2. 数字占1.5倍行距，6、7、9是例外，各占2倍行距。

3. 大写字母向上高出2倍行距，字母J还需要向下延伸一倍行距长。

4. 不要给字母描影加深。统一使用黑色下划线。避免使用删除线。

5. 上标的字母写在右上角，稍作倾斜，方向是往回倾而非往前，全文保持统一格式。

6. 每个单词的各个字母要连笔，一个单词写成一个整体。

7. 字与字之间相隔一个字母m的距离（2.5毫米），句与句之间相隔两个字母m大小。

8. 保持格式一致。即字号大小、黑色下划线颜色深浅、倾斜度、行距和字体都要尽可能保持一致。

9. 只能使用图书馆标准墨水进行书写，墨水要自然烘干，不能沾上多余墨渍。

10. 严格按照图书馆手写体书写所有文字，避免不必要的笔画装饰、花体修饰和线条。

在剑桥大学图书馆，于1923—1949年任职的图书馆馆员阿尔文·费伯尔·舒尔菲尔德亲手制作了一批用他常用的手写体写成的索引卡，所有新馆员都要求临摹该字体直至写得一模一样，以保证馆内所有卡片都是完全一样的字迹。20世纪，打字机和电脑分类编目系统技术的应用和发展结束了手写图书分类编目卡在图书馆管理工作中的使命，这种书写训练和实践也逐渐退出了历史舞台。

艺术图书馆

图书馆可不仅仅是书籍和手稿的"资料库",有时还会收藏一些不一样的资料。在世界上,有很多收集和陈列各类艺术品的"艺术图书馆",从雕塑到当代时尚作品应有尽有。以下是其中几家著名的艺术图书馆。

英国国家艺术图书馆 该馆位于伦敦维多利亚与阿尔伯特博物馆内,是一家国家级美术与装饰艺术收藏馆与档案馆。馆内藏品逾100万件,包括了各种照片、版画、绘画、油画、布料、家具、雕塑、玻璃器皿、陶瓷工艺品和时尚艺术作品。图书设计艺术也是这座图书馆的重点馆藏之一,因此人们可以在馆内找到很多早期刊印读物以及精美的装订成册的书籍。

阿姆斯特丹国家博物馆图书馆 该馆隶属于荷兰国家博物馆,所藏的艺术史相关书籍和资料超35万册。馆内藏书以西欧自中世纪至20世纪的油画、版画、雕塑艺术历史为主，此外还有其他一些比较有趣的资料，比如1722—1932年间6万多条艺术品拍卖名录的记录。

艾维利建筑与艺术图书馆　该馆位于纽约哥伦比亚大学，是世界上最大的建筑类专业图书馆。该馆收藏有西方第一本刊印的建筑学著作——意大利文艺复兴时期著名艺术家莱昂·巴蒂斯塔·阿尔伯蒂的《论建筑》(1485年)，还拥有一个于美国建筑艺术大师弗兰克·劳埃德·赖特的资料库。

纽约现代艺术博物馆图书馆　该馆收藏有1800年至今的现当代艺术相关的书籍和资料，藏书量相当可观。馆内藏品包括了很多现代艺术家曾经的票证、明信片等，还有各种视觉艺术作品、照片、时尚设计作品、行为艺术作品，以及各种新兴艺术形式相关的作品和资料。

圣布莱德图书馆　该馆位于伦敦，是世界上首屈一指的以图片艺术与印刷工艺为主的图书馆。该馆拥有印刷行业相关的书籍和物品数量多达6万件，其中包括了牛津大学出版社的印刷模板，艺术家埃里克·吉尔[①]的档案资料室以及英国印刷工艺的样本上万份。

英国电影协会国家电影资料室　该馆是世界上最大、最负盛名的电影"图书馆",成立于1935年,拥有近30万份影片和短片资料,以及21万份电视剧资料。它的其中一个"重大使命"就是保存和修复珍贵的老电影影像资料。

纽约大都会艺术博物馆艾琳·刘易松服装艺术图书馆　该馆是全球时尚服装艺术领域数一数二的图书馆和资料馆,主要对大都会博物馆时装学院的高层管理人员开放。然而在某些时候,其他专业人士也能有幸进入馆内,一睹馆内所藏时尚服装艺术史相关的2.5万册书籍、期刊和1500册设计手稿的真容。

---

① 英国著名版画家、集画家、雕塑家、字体设计师,在书籍排版、印刷、装帧方面颇有建树,曾被英国黑奴昂家艺术协会评为皇家工业设计师。

大英博物馆阅览室

在1997年位于圣潘克拉斯的大英图书馆专属图书馆大楼建成开放之前,图书馆的阅览室一直都设在大英博物馆内。这间由西德尼·斯莫克设计的圆穹顶阅览室位于博物馆中庭的正中央。阅览室于1854年开始动工建设,斯莫克有意模仿罗马万神殿的样式和形制,使用铸铁、玻璃和混凝土打造了一个优美的穹顶。天花板使用了制型纸作为装饰的材质,颜色以浅蓝色、奶白色和金色为主。[1]阅览室于1857年对外开放,当时在这间直径有46.2米长的圆形图书室内,摆放的书柜排起来能有近5千米长(用单格书架来算的话能摆40千米长)。要进入阅览室进行阅读的人必须向图书馆长提交书面申请,以下是一部分有幸申请到了"图书证"的名人名单:

布莱姆·斯托克[①]、卡尔·马克思、托马斯·哈

---

① 著名吸血鬼小说《德古拉》的作者。

代、阿瑟·柯南·道尔爵士、弗拉迪米尔·列宁[2]、拉迪亚德·吉卜林、查尔斯·狄更斯、乔治·奥威尔、甘地、弗吉尼亚·伍尔夫。

1997年,所有的藏书都被搬到了圣潘克拉斯的大英图书馆新馆内,原来的阅览室也进行了大规模的重修。2000年,阅览室重新对外开放,所有博物馆的游客也首次得以进入室内参观。2007—2013年间,阅览室被用来进行展品陈列,不过目前已经暂时关闭,未来它将作何用途还有待博物馆方商议决定。

注 释

1 当阅览室首次开放时,当时的文献管理员弗雷德里克·马登爵士并不欣赏这一装潢,他觉得阅览室"镀金的穹顶过于华丽,完全不像是一个可以埋头苦读的地方"。
2 当时列宁所用的是"雅克布·里赫特"这个化名。

图书馆慈善家：J.P. 摩根

约翰·皮尔庞特·摩根（1837—1913年）出生在一个富裕的银行业世家，并继承其父衣钵进入了银行业。摩根是一位非常成功的企业家，基本上买断并重整了大部分的美国铁路体系，合并了好几家电力公司创立了美国通用电气公司，同时也大力推动了美国钢铁公司的组建。这些商业上的成就和地位使得摩根在中央银行成立前在美国的金融财政市场内有很大的权威和影响。1907年，摩根通过提供紧急救助资金来稳定市场，有力地减缓了经济危机的冲击。尽管摩根的救市很成功，但这种个人对美国经济有太大决定权和影响力的现象也引发了很多人的担忧。

摩根本人对收藏艺术品、书籍和各类珍品有极大的热情，他自己拥有的很多藏品都被捐给了像纽约大都会艺术博物馆这样的公立博物馆。1906年，摩根图书馆和博物馆（当时被命名为皮尔庞特·摩根图书馆）在纽约成立，用以存放他名下的大量藏书。1924年，摩根的儿子小约翰·皮尔庞特·摩根根据其父的遗愿，把私人图书馆改成了公立机构。该馆藏有海量的珍稀藏书，包括了三册《谷登堡圣经》、一份查尔斯·狄更斯《圣诞欢歌》的手写稿、数张有贝多芬亲笔旁批的乐谱、沃尔特·司各特[①]《艾凡赫》的原稿，以及鲍勃·迪伦《答案在风中飘扬》歌词手写稿的残片。

---

① 英国浪漫主义诗人，桂冠诗人。

华盛顿国会图书馆

国会图书馆的成立要归功于约翰·亚当斯总统。1800年,他签字批准了在新首都华盛顿建造一座供国会使用的图书馆的法案,拨款5000美元用以"购买国会所需图书,并建造一座用来存放这些书的图书馆"。图书馆的第一批藏书是从伦敦订购的,1801年送达华盛顿;1802年,图书馆有了第一批馆藏分类索引目录,包括964册图书和9张地图。

不幸的是,1814年英军攻入华盛顿并烧毁了当时拥有3000册图书的图书馆。前总统托马斯·杰弗逊一直致力于重建这座精神食粮宝库,于是,他将自己的藏书以23 950美元的价格卖给了国会,以供重建的新馆使用。杰弗逊的藏书量相当可观,共有6487册书籍,涵盖了多门学科领域与多门语言,可满足国会图书馆的基本查阅需求。可惜在1851年,图书馆的一场火灾烧毁了馆内占总藏书量三分之二的5.5万册图书。不过,之后也有慷慨的爱心人士出资为图书馆买回了被烧毁的书目中的大部分图书。

1870年通过的一项版权法案规定，美国境内所有出版图书都要向国会图书馆送交两本，以保证图书馆藏书量的持续增长，也因此确立了国会图书馆作为美国国家图书馆的地位。1897年，约翰·史密斯迈尔与保罗·佩尔兹设计的一座文艺复兴风格的壮观建筑——国会图书馆新馆对外开放。如今，国会图书馆已经成为世界上最大的图书馆，馆藏量超过1.62亿册，其中编入索引目录的图书有1700万册。

总统图书馆

1914年,富兰克林·罗斯福总统设立了自己的图书馆,将其作为存放个人藏书以及与总统任期相关的各类文档文件的资料库,他也因此成了第一位设立个人图书馆的美国总统。从那以后,每一任美国总统都会选一家图书馆用以存放自己任期内的所有文件资料。1955年,《总统图书馆法令》的通过和实施也让"总统图书馆"的设立得到了法律上的承认和保障。截止到2021年,美国共有15座总统图书馆。

总统	任期(年份)	图书馆所在地
赫伯特·胡佛	1929—1933[1]	艾奥瓦州西布兰奇市
富兰克林·罗斯福	1933—1945	纽约州海德帕克镇
哈里·杜鲁门	1945—1953	密苏里州独立城
德怀特·戴维·艾森豪威尔	1953—1961	堪萨斯州阿比林市
约翰·肯尼迪	1961—1963	马萨诸塞州波士顿市

总统	任期（年份）	图书馆所在地
林登·约翰逊	1963—1969	得克萨斯州奥斯汀市
理查德·尼克松	1969—1974	加州月巴林达市
杰拉尔德·福特	1974—1977	密歇根州安娜堡市
吉米·卡特	1977—1981	佐治亚州亚特兰大市
罗纳德·里根	1981—1989	加州西米谷[2]
乔治·布什	1989—1993	得克萨斯州大学城
威廉·克林顿	1993—2001	阿肯色州小石城
小乔治·布什	2001—2009	得克萨斯州达拉斯市
贝拉克·奥巴马	2009—2017	芝加哥市
唐纳德·特朗普	2017—2021	未知

注 释

1 胡佛的总统图书馆直到1962年才开始设立。
2 服役29年并服务过7任美国总统的第一架空军一号飞机目前就陈列在里根总统图书馆里。

流动图书馆

流动图书馆一开始是为了满足当地没有图书馆的居民阅读图书的需求而出现的。最早的流动图书馆以马拉货车的形式出现，在英国，首批此类流动图书馆于1857年问世，创始人是维多利亚时期慈善家乔治·摩尔：这座图书馆是一架装着书籍的马拉货车，在坎布里亚郡的8个村庄之间来回走动。另一家早期的流动图书馆是沃林顿力学研究所1858年创办的沃林顿巡回流动图书馆。1905年，华盛顿县公共图书馆的一名图书馆馆员意识到图书馆的借阅服务无法惠及偏远的乡下地区，在他的积极倡议下，华盛顿县开设了流动图书馆服务。图书馆安排了一架装满书的货车，把馆内的图书带到乡下，供没条件到图书馆借阅书籍的居民阅读。

英国的第一家机动车上的流动图书馆是一辆放了900多本书的福特牌厢式货车。1920年，苏格兰的珀思郡也开始使用机动车充当流动图书馆。如今在世界上,流动图书馆服务仍欣欣向荣,用来充当图书馆的交通工具也五花八门,比如肯尼亚人用过骆驼,挪威西部有船上图书馆,泰国有大象驮着的"图书馆",西雅图公共图书馆还开设了"自行车上的图书馆"。

图书的储存

图书馆的发展是伴随着图书储存方式的发展而进行的——如果不用来存放书籍，那它算是哪门子的图书馆呢？最开始的图书馆收藏的是手稿卷轴。比如，亚历山大城皇家图书馆曾藏有70多万卷羊皮卷手稿，这些手稿被存放在一种特制的密闭木质橱柜中，木柜上贴有不同的分类标签。直到中世纪，这种木柜都被用来存放文献卷轴。据了解，卷轴都是纵向堆放的，卷轴的一头系有写上文献名的标签，使人能更容易找到需要查阅的文献。在古希腊的图书馆里，一般来说藏书室和阅览室是分开的，而在古罗马的图书馆里，书库和阅览室则都是同一个地方。

从公元2世纪开始，装订成本的手抄本问世，使得图书储存的方式也发生了变化。这些手抄文稿一般来说会被储存在箱子里或者书架上，之后在中世纪也曾用铁链把书绑在诵经台上。在中世纪的修道院里，书稿一般来说都被存放在藏书室里。不过修道士和专门的抄写员会在修道院的回廊上或者小书房里抄写或者阅读书籍,每人都会有单独的一张书桌,书桌周围有高起的挡板,以便阅读和工作时不会因互相打扰而分心(现在很多大学图书馆里也有这样的书桌)。很多16世纪的雕版画都为我们生动地展示了一种创新的"书轮"的模样:这是一种体积较大的可转动的木轮,形制类似水轮,一个书轮能放3到6卷书;读者坐在书轮的底座上,通过转动书轮来取另一本需要的书籍。

1488年在牛津大学建成的图书馆是用木质诵经台来存放格罗斯特的汉弗雷公爵所捐赠的书稿的。当托马斯·博德利爵士在1602年重修、重新开放汉弗雷公爵的图书馆时,他用一种新型的书架取代了老式诵经台来存放这些大对开本图书。1612年,汉弗雷公爵图书馆进行了一次扩建,在新建的"艺术角"中用了一种新的存放、摆放书籍的方式,该馆也成了英格兰第一家使用从地板向上延伸至天花板的大书架的图书馆,并且还加建了一层"楼座",以便读者们能拿到书架上半部分的书籍进行阅读。

随着印刷技术的发展,书籍的价格大大降低,图书馆的藏书量也得以大幅度增长,因此把书竖着摆在书架上也成了最节省空间的图书储存方式。

借阅次数最多的十本有声书

在近十年里,有声书越来越受欢迎。英国公共借阅权管理机构在2014—2015年首次将有声书的借阅量计算在内。

2014—2015年在英国图书馆读者中最受欢迎的十本有声书是:

1. 莱斯利·皮尔斯[①]《无影无踪》(由艾玛·鲍威尔朗读)

2. J. K. 罗琳《哈利·波特与魔法石》(由斯蒂芬·弗赖伊朗读)

3. J. K. 罗琳《哈利波特与死亡圣器》(由斯蒂芬·弗赖伊朗读)

4. 大卫·威廉姆斯《怪兽牙医》(由大卫·威廉姆斯朗读)

5. 罗伯特·加尔布雷斯《布谷鸟鸣》(由罗伯

---

① 英国当代小说家。

特·格林尼斯特朗读）

6. 大卫·威廉姆斯《怪兽牙医》（由大卫·威廉姆斯朗读）

7. 罗伯特·加尔布雷斯《蚕》（由罗伯特·格林尼斯特朗读）

8. 李·查德《永不回头》（由杰夫·哈尔丁朗读）

9. 杰弗里·阿切尔《小心别许错了愿》（由亚历克斯·詹宁斯朗读）

10. 大卫·威廉姆斯《鼠汉堡》（由大卫·威廉姆斯朗读）

注 释

1 这与下面第六条是同一本书的两个版本，借阅量分开计算。

美国图书馆里争议最大的作品

美国图书馆协会（ALA）有一份资料，记录了全美国的图书馆和学校质疑过或者禁过的图书。[①] 图书馆协会并不会自己对图书下禁令，而是对这样的"禁令"进行公开通告，并强调对图书馆进行监管审查的危害性。多年来，最饱受争议的书是那些有色情描写或者语言淫秽下流的书籍：很多人都呼吁下令禁止这些书的借阅和流通，以"保护"儿童不受这些他们认为不适合儿童阅读的内容的"荼毒"。图书馆协会关于审查制度的政策是，"图书馆与相关的政府管理机构应恪守一个原则，即家长，且也只有家长，有权利和义务禁止孩子，而且也只能禁止自己的孩子，阅读某类书籍"。

2015年，最受争议的一本书是约翰·格林的小

[①] 截至2021年2月，此列表已更新至2019年最受争议的十部作品，详情可参考美国图书馆协会网站（www.ala.org）。

说《寻找阿拉斯加》①。新世纪头10年（2000—2009年），美国图书馆内争议最大的十部作品是：

1. J. K. 罗琳《哈利·波特》系列
2. 菲莉丝·雷诺尔德·奈落《爱丽丝》系列
3. 罗伯特·科米尔《巧克力战争》
4. 贾斯廷·理查森、彼得·帕尔内尔《三口之家》
5. 约翰·斯坦贝格《鼠人》
6. 玛雅·安吉罗《我知道笼中的鸟儿为何歌唱》
7. 阿尔文·施瓦尔茨《黑暗恐怖故事集》系列
8. 菲利普·普尔曼《黑暗物质》三部曲
9. 劳伦·米拉克尔《网瘾少女》系列
10. 史蒂芬·卓博斯基《壁花少年》

而1990—1999年美国图书馆内争议最大的十部作品是：

1. 阿尔文·施瓦尔茨《黑暗恐怖故事集》系列
2. 迈克尔·威尔霍伊特《爸爸的室友》
3. 玛雅·安吉罗《我知道笼中的鸟儿为何歌唱》

---

① 本书因涉及青少年的冒犯性用语和性描写而引起争议。

4. 罗伯特·科米尔《巧克力战争》

5. 马克·吐温《哈克贝利·芬探险记》

6. 约翰·斯坦贝格《鼠人》

7. 朱迪·布鲁姆《永远》

8. 凯瑟琳·帕特森《通向特拉比西亚的桥》

9. 莱斯利娅·纽曼《海瑟的两个妈妈》

10. J. D. 塞林格《麦田里的守望者》

作家档案馆

近年来,很多学者都对研究著名作家的写作工作过程及其影响力特别感兴趣。为了满足这一需求,现在很多图书馆都设立了作家档案馆,收藏有各位作家的信件、笔记、写作进程记录、手稿,有时还会收入作家的私人物品,比如照片和日记。以下是一些设立了档案馆的著名作家名单以及档案馆所在地信息[1]:

作家	档案馆所在地
F. 斯科特·菲茨杰拉德	普林斯顿大学图书馆
杰克·凯鲁亚克[①]	纽约公共图书馆
弗吉尼亚·伍尔夫	大英图书馆
雪莱-葛德文[2]	牛津大学博德利图书馆

[①] 美国作家,"垮掉的一代"代表人物,主要作品有《在路上》《荒凉天使》《孤独旅者》等。

作家	档案馆所在地
乔治·艾略特[①]	纽约公共图书馆
查尔斯·达尔文	剑桥大学图书馆
西尔维娅·普拉斯[②]	印第安纳大学莉莉图书馆（布卢明顿市）
维克多·雨果	曼彻斯特约翰·赖兰兹图书馆
加西亚·马尔克斯	得克萨斯大学哈利·兰塞姆中心
乔治·奥威尔	伦敦大学学院图书馆

[①] 英国19世纪著名作家，原名玛丽·安·伊万斯，代表作有长篇小说《米德尔马契》。
[②] 美国著名现代诗人。

注 释

1 每位作家的相关资料并非全都存放在同一个地方,这里列出的图书馆保存有该作者最主要的资料,但并不一定是唯一的资料室。
2 这家资料馆收藏有英国著名诗人珀西·比希·雪莱、其妻玛丽·雪莱以及玛丽的父母玛丽·沃斯通克拉夫特与威廉·葛德文的文献资料。

图书馆的"天敌"

自从图书馆诞生之日开始,图书馆馆员们就必须绞尽脑汁想方设法保护好馆内的图书,使其远离各种危险,但其中有很多"天敌"今天依然存在。

破坏公物者 书籍在窃书贼和蓄意破坏公物的人面前几乎不堪一击,因此很多拥有珍品藏书的图书馆都会对这些书籍的借阅加以限制,并雇用保安来盯着读者的一举一动,还会在阅览室内禁止用笔。

害虫 老鼠、鸟类和昆虫[1]会对图书馆藏书造成损害。很多图书馆会用粘板来消灭馆内的害虫,古书要单独存放以避免蛀虫。会损坏古书的大部分都是臭名昭著的"书虫",然而,鉴于有很多虫类都有咬古旧书页的习性,"书虫"指的并不是某种特定的昆虫。通常来说,蠹虫和书虱是最常见的"书虫"。

光线 如果有人把报纸放在太阳底下晒上几天,就会发现报纸会因为暴露在强光之下而褪色泛黄。紫外线的杀伤力是最大的,图书馆的窗户上可以加上紫外线滤膜以保护藏书,特别脆弱、易损坏的珍品则要放进盒子中进行保存。

湿度和温度 高温一般都会伴随着大湿度,这两种因素都会加速书本的老化,还会滋生细菌和害虫;温度的波动也对藏书不利。因此,图书馆内最好要把温度和湿度控制在一个恒定的水平上。[2]

火灾 图书馆极易起火,因此大部分的现代图书馆都会实施非常严格的消防措施,比如保持室内的低氧环境。而要进入博德利图书馆的读者则要承诺"不得将打火设备与火种火源带入馆内,不得在馆内用任何工具点火"。

水灾 水[3]对书本的破坏力不亚于火,水灾的发生或者过度使用洒水灭火器都会对图书馆藏书造成损害。浸水的书籍可以用除湿设备进行烘干,如果受损严重,则需要请文献保护与修复专家来处理。

空气污染 交通过于繁忙的街道或附近工厂所造成的污染可以通过门窗隔离以及安装空气过滤装置来解决。特别易受污染影响的藏书和藏品应放在可以降低污染影响的新型文件盒中进行保存。

注 释

1. 葡萄牙马夫拉宫的洛可可图书馆"养"有一群蝙蝠,以消灭蛀书昆虫。
2. 英国标准协会(BSI)5454号标准条款规定了储存文件的最佳方式:建议保持13℃到15℃的温度,和35%到60%的湿度。
3. 1673年,一批珍贵的藏书在从约克郡运到牛津大学博德利图书馆的途中,因为当时很不凑巧地刚好下着大暴雨,而被水浸湿,受损严重。古文物学家安东尼·伍德把受潮的书摆在图书馆顶层的屋顶上进行晾干,这也是早期修复古书文献的一大"壮举"了。

书籍的形式

如今的图书馆里,都摆放着堆满了无数本书籍的书架,但图书馆的藏书并不是从一开始就以我们所熟知的"书"的样子而出现的。在早期的图书馆里,更古老的"书"的样式则更为常见;而在未来,或许电脑数据库里的电子书才是标准的"书"。以下是历史上各种书的形式的简介。

泥版、木版和蜡版 苏美尔人在大约公元前3000年发明了史上最早的一种文字——楔形文字,在书写的时候,他们会用楔形的尖笔把字刻在泥版上。这些刻字的泥版基本上是法律、账目和文学创作的记录,并当作文献被保存下来。古希腊和古罗马的人会在可对折的一对木版上涂上蜡,以便在上面写字,还能重复利用。这种蜡版通常是为了做暂时的记录,比如记录商业往来,而文学之类的文献则更倾向于写在纸卷轴上。

古代纸卷轴 很多古时候的文字都是记载在一

卷羊皮纸或者纸莎草纸上的。这样的书卷一般都是卷在木质卷轴上，方便读者打开卷轴，一段段或者一页页地阅读。纸卷轴起源于东地中海地区、埃及和中东地区，是古时候最主要的文字记载载体，直至手抄本的出现将其取代。

手抄本 由公元2—3世纪的古罗马人发明并推广的手抄本是现代图书的前身，一般会把一叠纸莎草用线绑在一起，并夹在两片木板中间。最初，手抄本只是用于做笔记或者记录一些技术性工作，不过随着印刷术的发展，这种成本的册子逐渐成了批量印刷《圣经》的首选。这种新型的"书"彻底改变了图书馆储存和陈列书籍的方式。一开始，书册在书架上的摆放很随意，有时书籍是朝里放的，人们就很难找到需要的书。为了解决这一问题，人们就选择性地在书的封面上加上特殊的浮雕设计。第一本在书脊上印上书名的图书在1535年前后问世，这一技术上的发展也把书籍摆放的方式"标准化"了——把书立起来放，且书脊朝外。

羊皮纸手稿 在谷登堡印刷术发明之前，大部分书籍都是由修道士在缮写室里手抄写成的。大约从公元5世纪开始，修道士开始用羊皮纸来书写。在中世纪，这些手稿通常都会饰以华丽的花体手绘字母和精美的插图。

印刷书籍 1450年，约翰内斯·谷登堡发明了西方印刷术，从此，图书的"产出"就由修道士辛勤的手抄劳动发展成了快捷而实惠的机器生产。这项技术的发明使得图书行业技术的发展实现了飞跃式的进步，市面上的图书大量增加，因此图书馆的藏书量也得以大幅度增长。现在，书籍基本上是以平装和精装两种方式出现，而且书籍的开本规模也有一定的规范。

数字化图书 电子书的出现和发展得益于"谷登堡计划"，这是一个始于1971年、以设立免费数字化图书馆为目的的项目。得益于手提电脑和电子阅读设备的推广和流行，电子书得以蓬勃发展，很多图书馆现在都开始有选择地把部分藏书和各类图书进行数字化。将书籍进行数字化储存，能节约大量的空间，而且也能让更多的人能接触到图书馆的珍稀藏书资源。

大英图书馆

作为英国的国家图书馆,大英图书馆出人意料地"现代":它在1973年的英国议会法案通过之后才正式宣告成立。而这座英国国家图书馆,是通过合并好几家图书馆而成立的,其中有大英博物馆图书馆、国立中央图书馆、国立科学技术文献借阅馆、英国国家书目局科学技术部、印度事务处图书馆和英国录音学会。

一开始,图书馆的馆藏资料是分散在英国和伦敦的好几家图书馆里的,直到1997年,专门为大英图书馆所建、位于圣潘克拉斯的图书馆新馆大楼落成并对外开放,这一状况才得以改变。这座新图书馆是英国建筑师科林·圣·约翰·威尔逊的作品,也是英国20世纪规模最大的公共建筑。

图书馆的藏书以大英博物馆图书室的藏书为基础,该图书室建于1753年,遵循英国的呈缴本制度,英国境内的每一本出版图书在馆内都有存档。

馆内可观的藏书规模形成于17和18世纪，包括了汉斯·斯隆爵士[①]、罗伯特·科顿爵士[②]和罗伯特·哈利[③]主要的私人藏书，以及国王乔治二世的老皇家图书馆和乔治三世的图书馆的主要藏书。如今，大英图书馆的藏书量位列世界第二，藏书主要存于两个分馆：大部分的图书和文献资料存于圣潘克拉斯馆，而报纸资料则存于约克郡的波士顿斯帕，其馆藏量达700万件。

[①] 爱尔兰的一名内科医生，也是一名大收藏家。
[②] 英国17世纪的大藏书家，藏有很多稀世珍本，包括了史诗《贝奥武甫》的唯一存世文稿。
[③] 英国17世纪政治家，安妮女王时代首任首相。

名人名言中的图书馆

"公民的图书馆是最不朽的纪念碑,是一件事、一个人、一份热情的最真实的纪念,因为图书馆能,也只有图书馆能,得到战争和革命的敬意,并在战争和革命中得以幸存。"

——马克·吐温(1835—1910年)

"我走遍了所有的图书馆,发现里面都是被埋藏的宝藏。"

——弗吉尼亚·伍尔夫(1882—1941年)

"我们坐在图书馆里,就能走遍全世界。"

——约翰·鲁波克[①](1834—1913年)

"如果你有了一个花园和一座图书馆,那你就拥

---

① 英国19世纪议员,是英国法定假日(bank holiday)的提议者,初衷是为了鼓励银行职员利用休息时间来阅读书籍。

有了一切。"

——西塞罗（公元前106—前42年）

"世界上没有比免费的公共图书馆更理想的民主摇篮了，在这座文字的共和国里，任何阶级、职业、财富的差异都不足为道。"

——安德鲁·卡内基（1835—1919年）

"在图书馆的屋檐下，学生能拥有他的罗马，他的佛罗伦萨，他的整个意大利。在书里，他能拥有古典时代的遗产，还有现代社会的光辉。"

——亨利·沃兹沃斯·朗费罗[①]（1807—1882年）

"书籍创造财富。图书馆里的一本书能像一栋房子一样屹立百年。然而，它不仅仅是一件可供享受的消费品，而是宝贵的资产；对于那些需要以知识技能谋生的专业人士而言，这是他们唯一的资产。"

——托马斯·杰弗逊（1743—1826年）

---

① 美国著名诗人、翻译家。

著名的图书馆馆员

毛泽东（1893—1976年） 1918—1919年间，毛泽东在参加革命之前一直在北京大学当图书馆助理馆员。他在图书馆任职的这段时间对他的人生影响很大，当时与他共事的图书馆上司是后来与他一起创立了中国共产党的李大钊。

雅各布·格林（1785—1863年） 在和其弟威廉一起追求人生梦想——研究和收集传统童话故事的同时，雅各布·格林也靠当图书馆馆员来维持生计。他曾经当过拿破仑的弟弟威斯特法伦国王的私人图书馆馆员，后来进入哥廷根大学任职。

菲利普·拉金（1922—1985年）[①] 在拉金的写作生涯中，他也一直在当图书馆馆员，曾在赫尔城大学的布林摩尔·琼斯图书馆工作了30年之久。

埃德加·胡佛（1895—1972年） 在成为美国联邦调查局（FBI）局长之前，胡佛在国会图书馆工

---

① 英国著名现代诗人。

作，主要负责图书的分类目录。胡佛在国会图书馆的工作经验也对他之后建立著名的调查局秘密档案体系有积极的启发影响。

大卫·休谟（1711—1776年） 在哲学家大卫·休谟编写他的著名六卷本巨著《英格兰史》的时候，他正在爱丁堡大律师协会图书馆工作。1754年，由于在图书馆订购了几本馆方认为"伤风败俗"的图书，休谟差一点儿被图书馆解雇。

马塞尔·杜尚（1887—1968年） 1913年，现代艺术家马塞尔·杜尚在巴黎的圣内维耶图书馆当图书馆馆员，以此来在创作艺术和学习数学的同时维持生计。

贾科莫·卡萨诺瓦（1725—1798年） 传奇的"风流浪子"卡萨诺瓦曾为波西米亚杜克斯的瓦德尔斯坦恩伯爵当图书馆馆员，并曾为伯爵的4万册图书整理编写过图书分类编目。

刘易斯·卡罗尔（1832—1898年） 刘易斯·卡罗尔，又名查尔斯·勒德威奇·道奇森，曾于1855—1857年在牛津的耶稣教堂图书馆担任下级图书馆馆员。在结束了这份工作之后，他才去当数学讲师，后来又创作了《爱丽丝梦游仙境》。

公共图书馆简史

"公共图书馆"的概念界定其实并不是很明确,有人说公共图书馆是不属于某一高校、向所有学者和研究人员开放的图书馆,而有人则认为应该是向所有人开放的图书馆,最终大家拍板公认的定义是:公共图书馆是以政府税收为主要资金来源、对所有人开放的图书馆。

根据第一个定义的标准,世界上第一座公共图书馆是建于约公元前300年的亚历山大城图书馆,该馆只对具备研究资质的学者开放。在古罗马时代,罗马城建有多座供学者使用的图书馆;不过,学习是所有公民的权利,任何人都可以在公共浴场①的图书馆里坐下来阅读馆内的藏书——这实际上就是后来公共图书馆的雏形了。1452年,意大利切塞纳的马拉特斯塔图书馆建成,据悉,这是世界上现存的

---

① 在罗马共和时期,公共浴场是一种综合社交、娱乐场所,除了浴场外还配备有休息厅、娱乐会场、运动场以及图书馆。

最古老的公共图书馆。毫无疑问，马拉特斯塔图书馆也是欧洲最古老的市民图书馆（即图书馆归属于社区而不是教会）。

1608年，英国的诺里奇公共图书馆对外开放。该图书馆由市政府设立，一开始是一家文献检索图书馆，市民需要交纳会费才能使用馆内资源，直到1716年，该馆才允许图书外借。1653年对外开放的曼彻斯特切塔姆图书馆据称是英国现存最古老的公共图书馆。切塔姆图书馆是遵照曼彻斯特的纺织业富商汉弗莱·切塔姆的遗愿而建造的，其目的是为英格兰北部的学者提供免费的学术资源，并能与牛津大学和剑桥大学的图书馆分庭抗礼。

18世纪开始，部分图书馆开始允许图书外借，而不仅仅是只供学者在阅览室内阅读。然而，大部分的图书馆并不对普罗大众开放，而是只有那些具有学术研究背景的学者才能有资格进入图书馆。

18世纪晚期到19世纪，流通图书馆和会员制图书馆大为盛行，但是此类图书馆要求读者具有一定的经济基础和消费能力，所以并不是真正的"公共图书馆"。在美国，一项提倡为儿童提供免费公共教育的运动促成了美国第一座公共图书馆——1833年对外开放的新罕布什尔州彼得伯勒图书馆的设立。

  而在英国，1850年通过的《公共图书馆法令》正式提出了设立向所有公民开放、以政府税收为资金支撑的真正的公立图书馆的计划。基于这一法令，英国第一座正式意义上的公共图书馆于1852年在曼彻斯特的坎普菲尔德设立。鉴于该图书馆的设立对英国的影响，查尔斯·狄更斯和威廉·萨克雷都出席了图书馆的开放仪式。这一标志性事件也成为全英境内公共图书馆蓬勃快速发展的历史开端，英国与公共图书馆事业的不解之缘也由此开启。

图书馆馆员的主保圣人 ①

圣劳伦斯是罗马的一位掌管教会钱财的执事。公元258年,罗马皇帝瓦莱里安下令处死所有的主教、教会执事和牧师。圣劳伦斯马上尽量把教会名下的钱财都发放给贫困的居民,以避免钱落到皇帝的手中。被捕时,圣劳伦斯指着一群穷人和残疾人,大声说他们是教会真正的财富。圣劳伦斯很快就被处死,传说他是被放在架子上活活烤死的¹,因此他也被当作厨师的主保圣人(当然他本人应该是不知道的)。圣劳伦斯生前也是教会的文献保管员,因此他也被认为是图书馆馆员的主保圣人。圣劳伦斯的圣徒瞻礼日是8月10日。

圣杰罗姆是一位历史学家和学者,他把《旧约》从希腊语和希伯来语翻译成了拉丁语,也就是《拉丁通行本圣经》。杰罗姆推动了罗马城内教皇图书馆

---

① 主保圣人是天主教会为个人、国家、教区、职业等设定的在天主前代祷的圣人或圣女。

的设立，他自己收藏有数量可观的天主教与其他宗教文献，但是这些书稿在公元416年伯利恒陷落时也不幸被毁。考虑到他卓越的学术贡献，杰罗姆也被尊为翻译、百科全书编者与图书馆馆员的主保圣人。圣杰罗姆的圣徒瞻礼日是9月30日。

圣凯瑟琳热爱读书学习，她也是一名基督教学者。当时的罗马帝国皇帝对基督教的崛起相当忌惮，因此凯瑟琳就为此去皇宫里跟他争辩：很多人听了她热情洋溢的宣讲后都皈依了基督教，这些人很快就殉道了；凯瑟琳本人也被判处轮刑[2]，不过用作刑具的轮子在被她碰到时就自行裂开了，于是她被改判斩首。凯瑟琳因其渊博的学识被尊为图书馆馆员、哲学家和教师的主保圣人，因其雄辩能力被尊为律师的主保圣人，同时她也是陶瓷工匠、磨坊主和纺织工人的主保圣人，其原因就没那么光彩和吉利了——因为她和"轮子"的"渊源"。圣凯瑟琳的圣徒瞻礼日是11月25日。

注释

1 关于这种非同寻常的酷刑以及圣劳伦斯的死的记载有很多。传说,他直到生命结束的那一刻都还保留着幽默感,在架子上受这种"烤刑"的痛苦折磨时,他好像还喊了一句:"这面烤好了,给我翻个面。"
2 轮刑是一种欧洲中世纪酷刑,犯人四肢分开,被绑在轮上,被行刑者用沉重的铁器敲打四肢关节至死。——译者注
为了纪念圣凯瑟琳,轮转烟花被命名为"凯瑟琳轮"。——原注

馆藏珍品：小熊维尼

1921年8月21日，A.A.米尔恩在伦敦的哈罗德百货商场买了一只泰迪熊作为送给他一岁的儿子克里斯托弗·罗宾的礼物。这只珍贵的小熊最开始被叫作"爱德华"，后来改名叫"维尼阿噗"（Winnie-the-Pooh），用来纪念克里斯托弗·罗宾在伦敦动物园见过的一只叫"维尼佩格"的灰熊和米尔恩的童书作品《在我们很小的时候》里的一只叫"阿噗"的天鹅。1926年，米尔恩和插画家E.H.谢泼德在儿童读物《小熊维尼》中把克里斯托弗·罗宾和他的动物朋友们栩栩如生地画了出来，这部作品一经问世就牢牢地抓住了全世界孩子的心。1987年，最初那只克里斯托弗·罗宾爱不释手的玩具熊和他的其他几个毛绒玩具（都被玩旧了）——驴子屹耳、跳跳虎、袋鼠妈妈和小猪——都被纽约公共图书馆收藏，到馆的孩子们会成群结队地凑到这些展览的玩具面前，看一看那本脍炙人口的儿童读物的灵感来源。

图书馆馆员指南

以下是1933年刊登在《切尔滕纳姆女子学校杂志》上的、由一位署名"M. S. G. H"的"神秘作者"所写的"指南"。

你们这些年轻的图书馆馆员啊,听我说几句话吧

若你想要管好图书馆里的浩瀚书海

但又认为以下这份"图书馆馆员指南"又臭又长难以忍受

那就只需记住一点:多用心而少动嘴。

当然这不是包罗万象的"万能准则",你要与更优秀的能人贤士一起共同切磋

生活的艺术与文字的艺术,向来都是密不可分。

你[①]

[①] 以下内容在原文中每句由字母A—Z分别开头,形成了字母表。

要严谨、机敏、雄心勃勃、平易近人

不拖泥带水，要公事公办

要干练、执着、谨慎，批判、能文能武、认真、沉着、谦恭、周到、乐于助人

不拐弯抹角、不好吃懒做，要不屈不挠（世上无难事，只怕有心人）、要公正无私

要不偏不倚、开拓进取、吃苦耐劳、事半功倍

要有远见卓识，要勇往直前

要勇敢乐观，不要疑神疑鬼

要诚恳、高尚、谦逊、幽默

要无懈可击、不慌不忙、勤勉刻苦、独立自主、兴趣盎然

要明智审慎

要学富五车

要清醒、透彻，不故步自封、不头脑昏庸

要有章有法、有礼有节

要干净利落、沉默寡言

要有条有理、机警敏锐、好善乐施

要自尊自爱、心思缜密、行事周密、孜孜

不倦、坚持不懈、严格自律、不厌其烦、彬彬有礼

要敏捷，要沉静

要可靠、精明、理智

要稳健、沉着、深明大义、通情达理

要一诺千金、滴水不漏、废寝忘食、八面玲珑

要善解人意

要诚实守信、多才多艺、谨慎警醒、活力充沛

要谨言慎行、勤勤恳恳

要见多识广

要朝气蓬勃（并且一直都要如此）

要热情洋溢。

图书馆相关术语词汇表

摘要（Abstract） 一篇期刊论文主要观点的简要归纳。

图书馆采访[①]（Acquisitions） 为充实图书馆藏书而订购、寻访的各式资料，包括图书、地图等等。

其他资料格式（Alternative Format） 除了标准图书格式之外的其他图书馆资源类型，比如盲文、大开本图书或者有声书。

带注解的书目（Annotated Bibliography） 附有每本书简介或简评的书目清单。

年刊（Annual） 一年发行一本的系列出版物，例如年鉴。

文集（Anthology） 同一主题、课题或学科领域下不同作者作品的合集。

档案室（Archives） 长期保存一个集体或者家

---

① 图书馆的"采访"意为"采集"和"求访"。

庭、家族公开的文件、记录等文献资料的地方。

可引用参考文献信息（Bibliography Citation）用来区别图书和文章的基本信息，对图书而言通常是指作者、标题、出版社和出版年份。

参考文献（Bibliography） 跟一个特定课题、主题相关的图书、文章和其他资料的目录清单。

装订室（Bindery） 对图书散页和未装订图书进行装订和重新装订的部门。

图书简介（Blurb） 图书封皮上用来介绍、宣传图书的简要文字。

书库（Bookstack） 存放图书馆大部头藏书的排架区域。书库图书借阅时须预约，并由图书馆馆员从书库中取出。

逻辑检索（Boolean Search） 用逻辑连接词来限定图书馆藏资源检索关键词和临近关键词的图书馆网络检索系统："与"（and）"或"（or）和"不包括"（not）是最常用的检索命令。

合订本（Bound Volume） 把一定数量的期刊合订成一本的期刊合集。

图书卡片分类编目（Card Catalogue） 在数字编

目系统问世之前用来对图书进行记录、分类的手段。

单人卡座（Carrel） 图书馆里单独的书桌，书桌通常有三面高起的挡板起到分隔和免干扰作用。

借还书服务台（Circulation Desk） 读者办理借还书手续的地方。

引用（Citation） 一本书或者文章里引用另一图书或文章作为参考文献。

分类系统（Classification Scheme） 图书分类的方法，比如按学科分类。

著作权（Copyright） 即版权，允许使用文字作品、艺术作品或音乐作品的法定权利。

杜威十进制图书分类法（Dewey Decimal Classification System） 很多大图书馆使用由麦尔威·杜威发明的图书分类法。

数字化（Digitization） 把图书或手稿制成电子版上传至电子数据库（通常是网络电子数据库）的过程。

名录（Directory） 相关商业团体、机构或个人的信息清单，通常包括职务头衔、地址及其他相关信息。

版本（Edition） 一本书或者手册印刷和出版后的发行本，再版是指同一出版物的修订和重印版本。

尾注（Endnotes） 图书或期刊文章末尾的注释、附加信息或参考文献的列表。

短效印刷品[①]（Ephemera） 例如菜单、戏单、传单和明信片等本身时效性不长，但对社会历史有宝贵研究价值的印刷产品。

字段（Field） 用户可用来在数据库或者图书分类编目检索中搜索的信息变量，比如书名、作者、主题等。

滞纳金（Fine） 所借图书逾期归还时需要交纳的罚金。

脚注（Footnotes） 页下添加的注释、附加信息或参考文献信息。

馆藏（Holdings） 图书馆所收藏、拥有的所有资料。

出版者名称（Imprint） 一本书的出版社、印刷厂、经销商名字，以及印刷、出版日期等信息。

摇篮本（Incunabula） 1501年前印刷出版的图书。

[①] 原文ephemera本意为蜉蝣，引申为只在短期内有用或者短暂存在的事物。

国际标准书号（IBSN） 用以专门识别出版图书的一串独一无二的10位或13位编码。

期号（Issue） 一本期刊单独发行的单一杂志。

学术期刊（Journal） 刊登学术论文的学术杂志。

借书证（Library Card） 由图书馆为其新用户开办的、供用户进出图书馆和借阅图书的卡证。

美国国会图书馆图书分类法（Library of Congress Classification） 与杜威分类法并驾齐驱的图书分类方法，由美国国会图书馆首创，现已在全世界范围内使用。

杂志（Magazine） 刊登各类热点文章、分期发行的出版物。

手稿（Manuscript） 手写或用活字印刷的（而非机器印刷）的文稿。

微缩胶片（Microfiche） 汇集、储存出版物内容和信息的小胶片。

开放获取（Open Access） 可开架借阅的资源，或者可供所有人不受限制地检索、阅读的出版物。[1]

---

[1] 开放获取一般是基于互联网数据库运作的，目的是为了方便国际学术界、出版界等进行资源共享与交流。

超大开本图书（Oversize） 一般书架放不下而必须专门另找地方存放、开本规模过大的图书。

小册子（Pamphlet） 只有几页纸的印刷物。

期刊（Periodicals） 诸如报纸、杂志和学术期刊等一年发行多于三期的、有效期不限的发行刊物。[①]

善本（Rare Book） 研究价值很高的书稿或者古籍，在图书馆里通常都会放到特定的阅览室里妥善保存。

咨询台（Reference Desk） 读者在找不到馆藏图书时可在图书馆里寻求咨询和帮助的地方。

参考咨询馆员（Reference Librarian） 专门负责帮助读者搜寻馆内藏书和其他资源的图书馆馆员。

续借（Renewal） 在将图书归还图书馆之前申请继续多借一段时间。

连续性出版物（Serial） 定期出版发行的读物，比如报刊、学术期刊和杂志。

索书号（Shelfmark） 又叫索取号或图书分类

---

① 一年发行少于三期的连续出版物，被称为"Continuation"，在英语定义中有别于此处的期刊（periodicals）。

号，是每本图书馆藏书特有的数字或者字母序列编码，用来帮助读者锁定此书在图书馆书架上的位置。

特殊馆藏（Special Collections） 图书馆常规藏书和常规资源之外的资料，比如信件、票证、善本或者手稿。

主题词（Subject Heading） 对图书馆资源按主题进行分类时使用的标题词，目的是为了方便分类和检索取阅。

行业刊物（Trade Journal） 以某一特定行业为主题并以此命名的期刊，比如英国的《农场主周刊》。

统一题名（Uniform Title） 为曾以多种不同题名出版的出版物（比如外文翻译）确立的、用于图书编目的标准统一名称。

馆藏珍品:《高夫地图》

目前藏于牛津大学博德利图书馆的《高夫地图》（编号：MS. Gough Gen. Top. 16）是至今发现的最古老的一幅清晰绘出疆土轮廓的英国地图。其命名是为了纪念古董收藏家理查德·高夫（1735—1809年），这幅他从古董商托马斯·马丁手中购入的地图作为他的遗赠捐给了博德利图书馆。地图绘制的具体时间仍是学界有待考证的问题。近年来的研究结果指出，该地图大约绘于14世纪晚期，但是出自谁之手仍是未解之谜。

目前可以确定的是，地图上标注的地名有至少两个不同的人的笔迹，哈德良长城[①]以北的地名标记可以追溯到14世纪，而长城以南的地名则在15世纪上半叶进行过修改。这幅地图呈现了绘制年代的诸多地理细节，绘有约600个城市、乡镇和居民定居

---

① 罗马帝国占领不列颠岛时修建的古城墙，是罗马帝国的西北边界。

点，此外还绘有河流，以及密密麻麻的红线，据推测，这些红线应该是用来估算主要城镇据点之间距离的。《高夫地图》以羊皮纸为材质，全图长115厘米，宽56厘米。

图书馆慈善家：亨利·E. 亨廷顿

亨利·E. 亨廷顿（1850—1927年）在多年的工商业投资运营中积累了万贯家产，在南加州的公用基础设施建设行业、铁路业和房地产业都持有大量股权。亨廷顿对收集艺术品和书籍情有独钟，对园艺也热情颇高，还建造了多座植物园。1919年，亨廷顿在加州的圣马力诺市设立了亨廷顿图书馆。这座图书馆馆藏图书逾700万册，是英美历史研究领域的著名学术研究中心。馆藏的重要书籍包括：约翰·詹姆斯·奥杜邦《美国鸟类》的超大开本精美典藏版、乔叟《坎特伯雷故事集》的埃尔斯米尔手稿版、犊皮纸版《谷登堡圣经》、莎士比亚《哈姆雷特》的第一四开本（大英图书馆是除了亨廷顿图书馆之外唯一收藏有这一珍本的图书馆）。

英国最繁忙的图书馆

根据英国特许公立财政与会计协会公布的数据,以下是2013—2014年英国最繁忙的图书馆(按图书借出量计算):

图书馆	图书借出量
诺福克与诺里奇千禧图书馆(诺福克郡)	1 124 406
伍斯特大学蜂巢图书馆(伍斯特市)	903 859
牛津中央图书馆(牛津郡)	605 530
拉内利市图书馆(威尔士卡马森郡)	601 182
卡迪夫中央图书馆(格拉摩根郡)	581 779
剑桥中央图书馆(剑桥郡)	555 101
切姆斯福德图书馆(埃塞克斯郡)	503 233
切斯特菲尔德图书馆(德比郡)	471 792
西布里奇福德图书馆(诺丁汉郡)	457 675
朱比利图书馆(布莱顿霍夫)	451 619

图书馆里的"禁书"

19世纪,很多图书馆馆员都为馆内某些图书里伤风败俗的内容而焦头烂额。因此,有一部分图书馆就为这些图书设立了特别的"禁书区",以确保只有具有合理的学术研究目的的读者才能阅览这些图书。以下是一些图书馆用来管理"禁书"的方法简介。

大英图书馆的"私人柜" "私人柜"(Private Case)的首创者是自1856年起就在大英图书馆(当时还是大英博物馆图书馆)担任图书保管员的约翰·温特尔·琼斯。被认为含有反动思想、异教邪说、名誉诽谤、涉及国家机密以及色情淫秽内容的读物会被移除出常规书目,单独存放在专门设立的、标有"PC"("私人柜")字样的排架上。至今为止,私人柜里的书大部分都是色情读物。有传言道,20世纪60年代的时候书柜里的书就有5000多本,其中包括了乔治·威特名下关于生殖崇拜的书,以及查尔斯·雷金纳德·道斯收集的1880—1930年间的法国色情文学。非常不可思议的是,"私人柜"太隐秘了:当时,被归到柜里的书完全没有任何的编目记录,就像这些书根本不存在一样。从1983年开始,私人柜里的图书才有了编目记录,很多书也都被放回了常规藏书中,不过,对于其中一些比较"伤风败俗"的读物,图书馆馆员还是会要求要查阅这部分图书的读者证明自己的查阅是出于学术研究的需要。

梵蒂冈图书馆的"地狱书库" 关于梵蒂冈图书馆一直都有一个谣言:该馆内藏有世界上数量最多的色情书刊[1],这部分藏书据说名叫"地狱书库"(Inferno)。据说,这一书库里的数千本色情读物都是梵蒂冈多年来充公没收的。然而,并没有任何证据证明该书库的存在(而且,是梵蒂冈图书馆馆方自己否认了这一谣言,你得承认这看起来就足够让人疑神疑鬼了)。

法国国家图书馆的"地狱书库" "地狱书库"于1830年落户法国国家图书馆,专门用来存放馆内的色情读物和其他被认为"与正面道德模范相悖"的图书。其中很多图书都是图书馆收缴而得来的,幸运的是,当时的馆员都非常有远见,把这些"伤风败俗"的书保留了下来。大部分"地狱藏书"的存在都是保密的，直到1913年才全部进行编目归档，共计855册。现代的情色杂志和色情小说并不能列入"地狱书库"中，只有善本或者具有文化研究价值的书才能成为其中一员，比如萨德侯爵的《美德的不幸》手抄本（1787年）和波莉娜·雷阿日的《O的故事》（1954年）。2007年，法国国家图书馆举办了一次公开展览，"地狱书库"中的一些非常"引人入胜"（也非常令人不忍直视）的图书也终于能让公众一览其庐山真面目了。

纽约公共图书馆的"三星读物" 在纽约公共图书馆里，色情读物会被手动标上三个星号，这意味着，读者要在相关人员的监督下才可以查阅此类书刊。这一政策始于20世纪中期，相关的书刊会被上锁，或是放进密封的书柜里，若要查阅这部分图书，须在获得特别许可后，在阅览室中特别安排的"隔离区"中阅读。

博德利图书馆的PHI类图书 博德利的"禁书区"是1886—1913年间担任图书馆馆员的爱德华·尼克尔森设立的。至于为什么要用希腊语的

"phi"来命名仍未有定论，有人认为可能是因为这个词听起来像"呸！"（"Fie!"），也就是你从这一部分藏书里取出一本进行阅读时会脱口而出的词；又或者是因为"phi"源自希腊语的phaula或者phaulos，意思是"废物的、邪恶的、卑劣的"。这部分图书包括了色情书刊和性学病理学相关的书籍。学生需要先征求教师的意见，让教师确认和证明借阅图书的学术需求，图书馆馆员才会允许他们查阅索书号带有phi编码的书刊。如今，这部分图书里有很多也被重新列为常规读物，但phi的编码仍然存在，比如用来对《夜夜笙歌》这样的情色杂志进行分类。

哈佛大学怀德纳图书馆的"XR"图书　怀德纳图书馆至今仍有被锁在地下室的一扇铜门后的"禁书"，不过不是因为馆方不想将这部分图书公之于众，而只是因为馆员们没时间去将其重新分类归入常规图书中。这间"禁书室"是20世纪50年代单独辟出的，当时一位社会学教授抱怨很多他课上需要的图书总是遗失或者缺页（《花花公子》杂志的中间插页总是不知所踪），于是，这部分藏书单独被挑出来的原因是为了能更好地保存，而不是为了审查和查禁。其中"X"并不是代表"限制级",而是指"非常规图书";而"R"则代表"非公开阅读图书"。"XR"编码只使用了30年,目前该分类已经不再增加新书。不过,该分类一定程度上反映了当时社会上对这些书的评价,比如《叶卡捷琳娜大帝艳情史》(1971年)和D. H. 劳伦斯的《查泰莱夫人的情人》(1928年)。

注 释

1 实际上,这一殊荣应属于美国印第安纳州布卢明顿的金赛性学研究所。

馆藏珍品：《谷登堡圣经》

《谷登堡圣经》是欧洲第一本用活字印刷术印刷的图书，这本书的问世标志着技术上的重大飞跃，极大地推动了书籍的普及。在印刷术发明之前，制作一本书是一个耗时耗力的工程：抄写员要花上数月的时间手抄文本，因此图书制作费时，又造价昂贵。有人尝试过用木版进行印刷，但发现这个方法更适合用来印刷图片而不是文字。约翰尼斯·谷登堡发明了活字印刷机，并在1455年用这项技术印出了他的第一本《圣经》，图书发展史由此进入新的篇章。据说，谷登堡印了大约180本《圣经》，有些是印在普通纸张上，有些是印在犊皮纸上，这些印刷本的清晰度和质量都非常出色，因此销售一空。这些印刷本里，文字的主体是用活字印刷，但标题和装饰字体则是后期手写的，不过也有一些是完全没有任何装饰、只有文字的"素本"。现存的《谷登堡圣经》有49本，其中12本是犊皮纸印刷，它们是图书馆馆藏中的至宝。

图书馆的椅子

由于读者读书时会在图书馆阅览室里坐很长时间,所以图书馆最重要的一点就是要保证椅子的舒适度(反之亦然)。大部分的现代图书馆都特别重视读者的舒适体验,近年来也启用了很多新设计来为读者打造兼具实用性和设计美感的椅子,很多设计还是某些图书馆特有的。以下就是一些比较有特色的图书馆椅子设计。

大英图书馆 为了大英图书馆位于尤斯顿路的新馆大楼能在1998年顺利完工并对外开放,图书馆的建筑设计师科林·圣·约翰·威尔逊委托家具设计师罗纳德·卡特为图书馆的阅览室设计了698张新椅子。椅子的整体造型灵感源于意大利文艺复兴时期著名画家安托内罗·达·梅西纳的一幅圣杰罗姆(即图书馆馆员和学者的主保圣人)的肖像画,画中的圣杰罗姆坐在一张弧形的扶手椅中,正准备进行阅读和研究。卡特设计的这张椅子以厚实的橡木椅为材质，有弧形的椅背，配以绿色的皮革衬垫，每位读者都感觉自己能有一个属于自己的舒适而独特的学习空间。

博德利图书馆 博德利图书馆里别具特色的椅子有一段历史可讲。1756年，图书馆购买了36张温莎椅来取代老式的长凳，这些椅子也被称为"馆长椅"。1936年，著名设计师贾莱斯·吉尔伯特·斯科特为博德利图书馆新馆做设计时，他设计了两种新型椅子，一种是高背椅，一种是矮背扶手椅，两种都以皮革为衬垫，其中还有60张椅子保留至今。在博德利新馆作为韦斯顿图书馆重新装修时，馆方对新"博德利椅"的设计进行了招标。2013年，官方公布了中标设计：爱德华·巴布尔与杰伊·奥斯戈比设计的一款造型优美的三腿橡木椅。

纽约公共图书馆 建筑设计师约翰·梅尔文·卡雷尔和托马斯·哈斯廷负责设计学院派风格[①]的纽约公立图书馆时，精细到了每一个细节，从外

---

① 学院派风格（Beaux-Arts）是19世纪盛行的一种建筑风格，以法国学院派新古典主义风格为基调，融合了哥特式和文艺复兴风格的元素。

观到室内的椅子都事无巨细地照顾到了。在1911年对外开放的主阅览室玫瑰阅览室中,卡雷尔和哈斯廷设计了一种造型优美的红橡木椅子,扶手是优雅的螺旋弧形造型。这些椅子至今仍在使用。

法国国家图书馆 1988年,建筑设计师多米尼克·佩罗为法国国家图书馆设计建造了新馆。正如同许多图书馆设计师一样,他的设计也包括了图书馆内的所有家具、陈设和装饰。佩罗借鉴了现代人体工程学来设计图书馆的椅子,选用了缅茄木硬木作为座椅的材质,造型像一张卷曲的叶子,由金属杆作为重力支撑,底座是四方形的木质方框。

跨境图书馆

哈斯凯尔免费图书馆和歌剧院横跨了美国与加拿大的边境线。这座图书馆是应玛莎·斯图尔特·哈斯凯尔的要求建造的,她本人希望美加两国的居民都能共同使用这座图书馆和歌剧院,于是这栋建于1904年的美观的新古典主义式建筑正好就坐落在美加边境魁北克-德比线上,一边是加拿大魁北克省斯坦斯特德镇的洛克艾兰区,一边是美国佛蒙特州的德比莱恩镇。图书馆有两个门,一个国家一个(而且在两个国家还有两个不同的街道地址),如果一个国家的读者要从另一个国家的门出去,则要报告海关。在图书馆阅览室内的地板上还画有一条很粗的黑线,作为国界线的标记。尽管图书馆的大门是在美国境内,但是所有的图书和借书服务台都在加拿大境内。

大学图书馆

大学图书馆可以说是世界上最历史最悠久的图书馆，通常跟大学一同设立，以满足学者和研究人员的学术研究需求。世人公认的世界上第一座大学图书馆是位于巴基斯坦的塔克什拉佛学院图书馆，这所高等学府建于约公元前6世纪，但是早已不复存在了。现在关于"世界最古老的大学图书馆"的名头有很多争议，很多高校都想证明自己，为自己争得这一殊荣。以下是一些历史悠久、开放至今的大学图书馆[1]，并附上其初次设立的年份。

图书馆	设立年份
摩洛哥卡拉维因大学图书馆	859年
西班牙萨拉曼卡大学图书馆	1254年
牛津大学墨顿学院图书馆	1276年
巴黎索邦大学图书馆	1289年
牛津大学博德利图书馆[2]	约1320/1602年
牛津大学王后学院图书馆	1341年

图书馆	设立年份
德国海德堡大学图书馆	1388年
剑桥大学圣约翰学院老图书馆	1516年
德国莱比锡大学图书馆	1542年
都柏林圣三一大学图书馆	1592年
美国哈佛大学图书馆	1638年

注 释

1 很多图书馆的原建筑都经过了改造和重建,不过藏书一直保留至今。
2 1320年时,这座图书馆另有其名,直到1602年托马斯·博德利重建大学图书馆时才更名为"博德利"。

最早的图书馆藏书编目

古希腊诗人卡利马科斯曾在亚历山大城图书馆的馆长泽诺多托斯手下工作。卡拉马科斯在大约公元前245年负责编纂了史上第一部图书馆分类编目,名为《皮纳克斯》。该编目是一份按作者和学科分类的囊括了亚历山大城图书馆所有藏书在内的完整编目清单,据说有120卷。据悉,亚历山大城图书馆在这一时期的藏书有5000卷,这些纸莎草卷轴都按学科分类存放在大书箱里。《皮纳克斯》所陈列的所有图书分类如下:

修辞学、法律、史诗、悲剧、喜剧、诗歌、历史、医药学、数学、自然科学、杂集。

这些书籍里只有很小的一部分残本得以留存至今,不过根据有关资料得知,当时每一卷文书都按以上列举的学科进行分类,按作者名字的字母顺序排列,还附有关于这些作品的相关资料和评鉴的注释。这种图书编目的方法影响深远,很多从古典时期到中世纪的图书编目都用了类似的方法,比如伊本·纳迪姆编纂于公元987年的《索引书》,这本书记录了当时所有的阿拉伯语著作。

馆藏珍品：《凯尔经》

爱尔兰最古老的中世纪珍本《凯尔经》是一部以拉丁通行本《圣经》为底本、饰以华丽泥金装饰的四部《新约·福音书》。据传，该经书是大约公元8世纪由哥隆邦修道士[1]在苏格兰的艾奥那岛上手抄而成，在维京海盗入侵之后，当地的教区居民四下逃散，就把这卷经文带到了爱尔兰。《凯尔经》的插画和装饰文字都异常精美，是西方书法艺术和爱尔兰－撒克逊艺术的范本。这部手稿共由340张对开的羊皮纸组成，在1953年被重新装订成四卷。这部经书因中世纪时曾藏于爱尔兰米斯郡的凯尔教堂而得名。1661年，它被赠送给都柏林的圣三一大学图书馆，并在馆内保存至今。图书馆一般会一次展出两卷《凯尔经》，一卷用以展示文字，另一卷用以展示其精美的插图。

注 释

1. 圣哥隆邦（St. Columbanus，543—615年）是一名爱尔兰的传教士，他在法兰克和伦巴第地区建立了很多修道院，还为凯尔特民族设立了宗教教义清规。

有史料记载的第一位图书馆馆员

以弗所的泽诺多托斯是前两任托勒密国王在位期间亚历山大城图书馆（建于公元前3世纪左右）的馆长，也是有史料记载以来的第一位"图书馆馆员"。除了负责图书馆的工作外，泽诺多托斯还是一位语言学家和学者，编纂了第一部校注的《荷马史诗》。在他担任亚历山大城图书馆馆长期间，泽诺多托斯采用了一种按学科来对图书进行分类的办法，把这些书分别存放于馆内不同的阅览室中，并按照作者名字的首字母顺序进行排列和摆放。据悉，他也是第一个在图书馆使用字母排序来排列书籍的人。

"种子图书馆"

"种子图书馆"通常用来保存和陈列植物种子。有些"种子图书馆"就设在传统图书馆内,当地民众可以免费使用,这是为了鼓励民众把种子带回家种植后,再把植物的新种子"还"回来。"种子图书馆"通常都以保存当今种植业不再培育的"老种子"为主,或者收集当地特有的种子种类。在美国,针对这样的"种子图书馆"存在各种争议,2012年起,美国农业部就颁布了针对部分"种子图书馆"的商用规范,这部分"种子图书馆"也因此关闭。好在有些州政府通过法律条文来对"种子图书馆"进行保护,因此这一行业又开始慢慢重新发展起来。

图书馆馆员
——网络时代前的"搜索引擎"

从2015年开始,纽约公共图书馆就通过社交网络以及"让图书馆馆员为您服务"的话题标签(#letmelibrarianthatforyou)分享了馆内保存的部分针对馆藏资源的最稀奇古怪的咨询。这些记录和保存在问题卡上的问题反映了公众在网络时代开始前对睿智的图书馆馆员能力的期待,寄希望于他们所具备的广博的知识储备。以下是一些曾向纽约图书馆馆员提出的非常可爱的问题:

◆ "夏威夷草裙舞中臀部的动作有什么意义?"(1944年7月)

◆ "有一本书把臭虫的故事写成了一部跌宕起伏的戏,请问这本书名字叫什么?"(1944年9月)

◆ "急需:在正确的时间出现在正确的地点的历史人物名单。"(1946年9月)

◆ "这是一个我可以问问题但是得不到回复的

地方吗?"（1947年9月）

◆ "夏娃吃的苹果是什么品种?"（1956年9月）

◆ "世界末日大决战什么时候打？谁赢了？有什么后果?"（1960年10月）

◆ "如果小孩不喜欢自己的爸妈，那么在纽约市有没有一条法律可以允许小孩跟爸妈解除亲子关系?"（1961年2月）

◆ "有没有一本书能教你怎么用冰棍棒搭东西的?"（1967年3月）

◆ "为什么18世纪英国的油画里有那么多松鼠？人们是怎么驯化它们，让它们不去咬画家的?"（1976年10月）

◆ "拿什么来喂火蝾螈?"（1983年11月）

◆ "《惠斯特的母亲》[①]是谁画的?"（时间不明）

---

① 19世纪美国画家詹姆斯·惠斯特的代表作，画的是他自己的母亲。

全球的呈缴本制度

全球不同国家的呈缴本制度也是不同的，不过最普遍的规定是每本出版的图书都要向所在国的国家图书馆提交至少一本出版样书，目的是保护和维持国家的出版行业以及保存出版书籍。如今，大部分的呈缴本制度不光是对图书适用，地图、乐谱、期刊以及某些电子资源和音像资料的出版也要遵循这一制度。不同国家要求向国家图书馆（有时候也要向国内某些特定的图书馆）呈缴、进入国家图书馆书库存档的图书数量如下：

国家	国家图书馆	呈缴本数量
澳大利亚	澳大利亚国家图书馆（堪培拉）	1
加拿大	加拿大图书馆和档案馆（渥太华）	2
中国	中国国家图书馆（北京）	3

国家	国家图书馆	呈缴本数量
法国	法国国家图书馆（巴黎）	1
德国	德国国家图书馆（莱比锡和美因河畔法兰克福）	2
印度	印度国家图书馆（加尔各答）	1
马来西亚	马来西亚国家图书馆（吉隆坡）	5
葡萄牙	葡萄牙国家图书馆（里斯本）	11
俄罗斯	俄罗斯国立图书馆（莫斯科）	1
南非	南非国家图书馆（开普敦）	5
英国	大英图书馆（伦敦）	1
美国	美国国会图书馆（华盛顿）	2

图书馆慈善家：约翰·赖兰兹

约翰·赖兰兹（1801—1888年）是曼彻斯特的第一位百万富翁，靠经营纺织业赚得了一大笔财产。这位精明的商人靠一个小纺织厂发家，最后发展成了英国最大的纺织业制造商和经销商，在产业的巅峰时期曾拥有17个作坊和工厂，以及超过15 000名雇员。赖兰兹有很强的社会责任感，一生中曾捐助了曼彻斯特的多家孤儿院和养老院。他也是一个狂热的书迷，他向市政府捐出了自己的私人图书馆，这也是后来的曼彻斯特约翰·赖兰兹图书馆的主要藏书来源。约翰·赖兰兹图书馆在1900年对外开放，这也是其妻安莉科塔的意愿，以示对丈夫的怀念。

这座图书馆现在是曼彻斯特大学图书馆的一部分，拥有很多特别珍贵的馆藏图书，包括了约3000册古版书、一部分威廉·卡克斯顿[①]印刷的图书、赖

[①] 英国历史上第一位印刷商，出版了上百本图书，其中包括了《坎特伯雷故事集》和马洛礼的《亚瑟王之死》。

兰兹纸莎草残卷(其中包括了《圣约翰福音书》残本,据说这是最早的《新约》文本)以及詹姆斯·乔伊斯初版的《尤利西斯》。

图书卡片分类编目

在最早的图书馆里,图书馆馆员就已经使用分类编目来管理图书,但是直到18世纪才开始使用卡片分类编目。早期的图书馆目录是写在书本上的,图书馆藏书有新增图书时,就在书页边缘处写上书名,等编写修订目录时再把这些新书正式添上。因此,面对日益增长的图书馆藏书量,使用卡片分类编目就非常有效。每本书或每份资料都会单独用一张卡片来记录,然后再把卡片放到专门存放图书分类资料的抽屉里,按字母顺序排好,这意味着只需要添加、替换索引卡就能增加新的图书编目或者修订旧的编目。

这一方法是法国人发明的,在法国大革命结束以后,从修道院和贵族阶层家里收缴来的图书要用来设立公共图书馆,因此要求列出一张包含所有书目的清单。1791年的《法国图书分类编码指南》为如何编写书目提供了指导和帮助,该指南建议,每本书的书目信息都可以写在一张扑克牌的空白背面处，这样，图书分类编目卡就诞生了。每张卡片上都有一个关键词，通常是作者的姓或者图书的学科和主题，并加上下划线。然后将卡片按照关键词进行分类，按字母顺序排序，并在卡片左下角钻孔，用线绑起来。

到了19世纪中期，美国的图书馆引入了卡片分类编目。波士顿图书馆的馆员查尔斯·福尔索姆在1853年为馆内的分类编目卡编写了制作使用指南：

> 用以进行编目的卡片大小约9英寸长，2英寸宽，垒成一叠统一打孔，用线穿孔绑好。线的长度要合适，整叠卡片要能前后翻动以方便写卡片的工作人员工作，但同时又要保证卡片的顺序，避免顺去错乱和遗失。整叠卡片要找一个大小合适的盒子放好，要能方便取出单张卡片，同时避免打乱卡片排列的顺序。

1862年，哈佛大学图书馆首创了一种方便广泛使用的分类编目卡，这种卡片长12.25厘米、宽5厘米

（也就是"哈佛大学标准尺寸"），可以直立放在木盒子里。在启用后的第一年，官方做出了35 762张卡片。从1877年开始，美国图书馆协会对图书分类目录卡片的大小设立了标准，一种是哈佛大学标准尺寸，一种是7.5×12.25厘米的大小，第二种尺寸很快成为全美图书馆使用的标准尺寸。分类编目卡一开始是全手写的，因此要求图书馆馆员都要能写得一手工整清晰的好字。

图书馆里一般会使用带有很多抽屉的木柜来存放图书分类编目卡，以方便馆员查找和添加卡片。1881年，发明了杜威图书分类法的麦尔威·杜威设立了图书馆局，以便能向图书馆提供图书和其他所需要的物资，1886年，他们也贴出了要订购一批分类卡片柜的告示。

美国和欧洲的图书馆都普遍使用这种分类卡片，因此与此相配卡片柜也变得很常见。尽管这种方法非常好用，能适应藏书增长的需求，但它还是有一些缺点的，比如缺乏一种统一的编目格式，这意味着卡片经常要进行修改，以便与目前采用的图书分类方法保持一致。不过最主要的缺点还是它们会占用太多空间，藏书量巨大的图书馆要单独找出一间房来存放这些分类卡，而这就意味着要缩减藏书室和阅览室的空间。

从20世纪70年代开始，用电脑数据进行图书编目的方式得到了发展和推广，这种老式的分类卡片也逐渐被弃用了。2015年，一直以来都为美国的图书馆打印图书分类编目卡的联机计算机图书馆中心（OCLC）正式停止了分类编目卡的打印，这也让这一早已过时的图书编目方法正式画上了一个句号。

约翰·迪伊遗失的个人藏书

约翰·迪伊（1527—1609年）是都铎王朝时期的一位卓越的全才，他有着诸多身份，比如魔术师、数学家、天文学家、占星学家，以及间谍。迪伊的私人图书馆位于他在伦敦莫特莱克区的私宅里，是全欧洲藏书量最大的图书馆之一，据说藏有3000本书和1000份手稿。很不幸的是，1580年迪伊前往欧洲大陆旅行的时候，他那位被留下来看管图书馆的无耻的大舅子尼古拉斯·费洛蒙德把大部分藏书都卖了出去。当迪伊回到家时，才惊恐万分地发现他引以为傲的藏书已被"洗劫一空"。他曾试着去把这些书追回来，但很可惜大部分再也找不到了。不过，迪伊的藏书中有100本在之后辗转到了多尔切斯特侯爵亨利·皮尔庞特手里，1680年，根据侯爵的遗嘱，这些书被捐赠给了皇家物理学院图书馆，并在该馆保存至今。迪伊的藏书里最有意思的一部分就是他在书页的空白处写的批注和画的随笔画，这些字画

在一定程度上都反映了他的思想和性格。这部分幸存的图书包括:

◆ 安德里亚斯·亚历山大《数学逻辑学:第一卷》(1504年)

◆ 阿尔纳尔多斯·德·维拉诺瓦《炼金术》(1527年)

◆ 安德里亚·巴奇《温泉》(1571年)

◆ 吉罗拉莫·卡尔达诺《占星学》(1547年)

◆《美丽的特洛伊:特洛伊战争故事集》(1573年)

◆ 塞巴斯蒂安·明斯特《天文探测新发现》(1534年)[1]

注 释

[1] 迪伊的这个版本有很多的注释,包括了他本人在1548年8月和12月在鲁汶进行天文和气象观测时的发现。

索书号

索书号，或者叫图书分类号，是用来代表一本书在图书馆里所在排架位置的一组数字、字母。索书号和分类号通常都是按学科来给图书分类的，这样同一学科或主题的图书会摆在同一个区域，更方便读者查阅。索书号和分类号的编写并没有单一的标准，很多图书馆都有自己的一套分类方法。其中有些分类法沿用的时间很长，历史也很悠久。使用范围最广的两种方法是美国国会图书馆图书分类法和杜威十进制图书分类法，这两种方法都是使用字母组合来代表图书的学科分类，数字代表排架位置。通常来说，索书号都会贴在书籍上，以方便人们进行查找。

电影中的图书馆

以下是一些曾被用作电影场景和取景地的著名图书馆:

美国国会图书馆

《总统班底》(1976年)、《国家宝藏》(2004年)。

牛津大学博德利图书馆

《疯狂的乔治王》(1994年)、《锅匠、裁缝、士兵、间谍》(2011年)、《X战警:第一战》(2011年)、《哈利·波特》系列电影(作为霍格沃茨图书馆的取景地)。

纽约公共图书馆

《蒂凡尼的早餐》(1961年)、《捉鬼敢死队》(1984年)、《天罗地网》(1999年)、《蜘蛛侠》(2002年)、《后天》(2004年)、《欲望都市:电影版》(2008年)、《遗落战境》(2013年)。

加利福尼亚州亨廷顿图书馆

《桃色交易》(1993年)、《肥佬教授》(1996年)、《冲出宁静号》(2005年)、《艺伎回忆录》(2005年)、《钢铁侠2》(2010年)。

布拉格斯特拉霍夫修道院图书馆

《来自地狱》(2011年)、《龙与地下城》(2000年)、《天降奇兵》(2003年)、《007：大战皇家赌场》(2006年)。

英国公共图书馆的一些数据

2006年,英国广播公司(BBC)的一项调查表明,政府对公共事业财政支出的缩减对公共图书馆影响很大。很多图书馆被迫关闭:2010—2016年间,大约有343座图书馆关门,111座濒临倒闭。一些图书馆进行了裁员,转而雇用志愿者来顶替这些职位,这导致图书馆全职雇员的人数减少了25%。以下英国特许公立财政与会计协会公布的数据反映了英国国内公共图书馆的一些现状。

英国最大的图书馆:伯明翰图书馆

欧洲最大的图书馆:伯明翰图书馆

第一家图书馆:曼彻斯特切塔姆图书馆(自1653年起开放至今)

最小的图书馆:由传统红色电话亭改造而成的非正式公共图书馆

最受欢迎的图书馆:访问人数最多——曼彻斯特中央图书馆(2014—2015年访问量为1 332 999人次)

借阅量最大的图书馆:诺福克与诺里奇千禧图书馆(2014—2015年借阅量为1 012 877本)

公共图书馆数量:

英国(2002—2003年)——4620座

英国(2014—2015年)——3917座

现代图书储存方式

当今,大型的现代图书馆需要容纳大量的书籍资料,那些负责接受图书呈缴的图书馆更是如此。近年来,很多图书馆设立了现代化的书仓,以便能有比较宽敞的空间来存放借阅量较小的图书、期刊和杂志等。大英图书馆的书仓位于约克郡的波士顿斯帕,于2009年开放,能存放超过700万册的书刊。这些书刊都被放在印有特殊条码的盒子里,以便机器能找到这些书刊并将其运送出来交给读者。书仓也设定了一个低氧环境,可以保护书籍免遭损坏:通常空气的氧气含量是20%,而波士顿斯帕的这家书仓把氧气含量控制在了15.8%—16.2%之间。同时,空调恒温系统能把温度控制在一个恒定的水平上,保证室内湿度能保持在较理想的52%左右。与大英图书馆类似,牛津大学博德利图书馆利用最尖端的技术设立了一个书仓来保存那些借阅率较低的书刊。这家2010年对外开放的图书储存仓(BSF)位于小镇斯温顿边上，仓内有约246千米长的图书排架，藏书840万册。图书摆放在11米高的书柜上，不同大小的书架用来摆放不同开本尺寸的图书，仓内使用的74.5万个印有条形码的文件盒也使得取书变得更加简单。这家书仓里还有600个"地图柜"，里面装有120万张地图以及其他大尺寸的文献资料。

一些借阅逾期超长的图书

大部分人都有过因为忘记按时去图书馆还书而要交纳滞纳金的丢脸经历，但是有些人在这方面实在是极度的夸张。以下是一些还书日期过期时间最长的纪录：

1789年，乔治·华盛顿总统从纽约社会图书馆里借了一本《国际法》；2010年，也就是221年后，位于芒特弗农华盛顿故居的工作人员终于把这本书物归原主了。图书馆方很高兴能收回这本书，并决定不收取30万美元的逾期罚款。

2012年，芝加哥公立图书馆决定"大赦天下"，不收取所有逾期未还的书刊和资料的滞纳金，然后很高兴地收到了各方归还回来的约10册图书、DVD和有声书。收回来的这部分资源里还有一本1934年被借走的奥斯卡·王尔德的《道林·格雷画像》，现已成为一本珍本。

一名匿名读者把一本逾期图书《蛇的真实世界》

寄回给了俄亥俄州的尚佩恩县图书馆,并附上一张纸条:"很抱歉我借了这本书这么久,但我真的读得太慢了!随信附上299.3美元的罚金(41年,2美分一天)。再次向您致以歉意。"

一位大学教授发现,他的书里有一本是他1966年就读于贝尔法斯特女王大学时从图书馆借出的书。意识到自己的失误后,他把这本《亚瑟·休·克拉夫诗集》还给了图书馆,并表达了自己真诚的歉意。图书馆为能收回这本书感到很高兴,也就免了他8577.5英镑的罚金。

2011年,澳大利亚卡姆登艺术学院图书借阅馆收到了一本归还的图书:查尔斯·达尔文《食虫动物》的初版。这本书于1889年被借出,一直都被放在一名退休兽医的书架上,直到有人发现了书上的图书馆印章,并把它还给了图书馆,此时,已经过了122年。

巴黎的美国图书馆

在巴黎的第七区有一栋不起眼的建筑,这里是美国图书馆的所在地,馆藏有12万册图书,是欧洲大陆英语藏书最多的图书馆。这座公益性图书馆于第一次世界大战后的1920年设立,馆里的书都是美国的战争后勤部门为前线士兵运送的。战争结束后,这些书也被送往了一家图书馆,这家图书馆的座右铭反映了这些书的渊源及其代表的精神:"黑暗过后,能看到书的光辉。"在第二次世界大战期间,图书馆馆长儿子娶的是维希政府①总理皮埃尔·赖伐尔的女儿,因此图书馆并未被勒令关闭,并且躲过了大规模的审查。图书馆还利用其有利的条件,私下里供当时禁止进入其他图书馆的犹太人借阅图书。很多知名的作家逃亡至巴黎,也曾是这座图书馆的访客,其中包括了阿奇博尔德·麦克利什、伊迪丝·华顿、

---

① 第二次世界大战期间,法国被迫投降后,德国扶持法国政要组建的城府。

欧内斯特·海明威和加特鲁德·斯坦，该图书馆也成了这些英语作家和其他流亡人士的避风港。

监狱图书馆

最开始，监狱图书馆里只有宗教典籍，为的是改造监狱里的那些人格败坏的囚犯。美国第一座监狱图书馆建于1676年，位于马萨诸塞州的楠塔基特岛，馆内的藏书基本都是《圣经》。直到1820年，美国第一座官方的监狱图书馆才在肯塔基州立监狱设立，藏书依然是以基督教典籍为主。到20世纪的30、40年代，美国的社会风潮发生了改变，监狱图书馆的重要性与日俱增，渐渐地，这些图书馆不再仅仅提供宗教读物，而是变得更像普通的图书馆。不过，直到现在，美国的监狱图书馆都会对馆内的图书进行大量的审查：有同性恋内容的、跟犯罪团伙相关的，或是涉及美国黑人民权运动的图书在一些美国的监狱图书馆里都是禁止的，因为有人认为这些书煽动性太强。

跟美国一样，英国的监狱里一开始也只有劝人从善的宗教读物，不过从1999年开始，英格兰和威尔士的法律规定所有监狱都要设立一个图书馆，并且聘请一位合格的图书馆馆员。按规定，每一个犯人都有权利阅读这些书，而且允许从图书馆里把书借出：犯人随时都可以借书，且最多可以把12本书带回他们的囚室（可以是他们自己带来的书，也可以是图书馆的书）。司法部的条文规定，图书馆监狱里的藏书量要比犯人人数多10倍。普遍来说，犯人的阅读和教育水平要远低于一般人，因此，为犯人提供读书的机会也被认为是服刑改造的重要一环。

联合国教科文组织世界数字图书馆

2005年，美国国会图书馆馆员詹姆斯·比林顿向联合国教科文组织提交提案，提议联合国建立一个网络数字图书馆，用以展示和分享世界各地图书馆的特有文化元素。该项目得到了教科文组织的批准，教科文组织也联系了很多机构进行合作，共同开发这一数字平台，其中就包括各国的图书馆，比如埃及国家图书馆档案馆和俄罗斯国家图书馆。这个世界数字图书馆于2009年正式上线启用，数据库里包括了19个国家26家图书馆和相关机构的馆藏文献资料。如今，世界数字图书馆已经对包括了手稿、地图、报纸杂志、照片和影片等在内的数千种文化资源和历史文献进行了数字化，并免费向全世界人民开放。

馆藏珍品：《独立宣言》

华盛顿的美国国会图书馆里有一份托马斯·杰弗逊手写的《独立宣言》的草稿（手稿分部第49号）。当时，从英国独立出来的13个殖民地的代表选了杰弗逊来起草这份文件，因为大家公认他的写作水平最高。图书馆还保存有杰弗逊的第一份草稿残片，这是杰弗逊1776年6月中旬所写的草稿，反复修改涂改的痕迹很多。完整的草案是根据这第一份草稿修改、扩展而成的，还有约翰·亚当斯和本杰明·富兰克林的修改笔迹。从这份草稿上，学者们可以看到一开始的草案和后来1776年7月4日正式签署通过的《独立宣言》之间的措辞变化。

图书馆里借阅量最大的图书种类

现在,图书馆在英国仍非常受欢迎,2014年1月YouGov平台①的一项调查结果显示,有51%的英国居民持有有效的图书馆借阅卡,47%的人曾在过去一年内到访过公共图书馆。以下的调查数据按学科种类进行分类,反映了英国在借书方面的倾向性,其中小说类继续以压倒性优势成为英国国民最喜欢借阅的一类书。[1]

种类	借阅率(%)
法律	0.1
医学	0.1
地球科学、地理学、环境学、规划	0.1
应用技术、工程学、农学	0.1
参考书、咨询和跨学科研究	0.1

---

① 一个全球范围内的网络平台,用以分享观点、开展各种调查研究并分享其结果。

种类	借阅率（%）
英语教学（ELT）	0.3
语言类	0.4
文学与文学研究	0.4
数学和自然科学	0.4
经济学、金融、商业、管理	0.5
计算机和信息技术	0.7
社会和社会科学	0.9
艺术	1.1
人文学科	1.8
健康和个人发展	2.6
传记和纪实	2.9
生活、体育和休闲	6.5
儿童读物、青少年读物和教育	39.5
小说和相关	41.5
总计	100.0

注 释

1 2014—2015年的统计数据，数据来源是英国公共借阅权组织。

"泰坦尼克号"上的图书馆

"泰坦尼克号"上有两个图书馆,一个在一等舱,一个在二等舱。两个图书馆都是由图书馆主管托马斯·凯兰德管理的,在"泰坦尼克号"沉没时,他也不幸罹难了。一位幸免于难的年轻科学教师劳伦斯·比斯利在他的《巨轮"泰坦尼克号"的沉没》一书中对船上的图书馆进行了一番描述,该书于1912年出版,出版的时间距"泰坦尼克号"沉没仅过去了3个月:

> 那天下午,图书馆里人很多,毕竟甲板上很冷,不过透过窗户可以看到澄澈的天空,灿烂的阳光似乎就在预示着一个惬意的夜晚和一个明媚的明天的到来。还有两天船就要靠岸,好天气会一直持续到大家抵达纽约的那天,这对所有人来说都是令人愉快的好消息。我现在可以回想起那天下午图书馆里的每一个细节:布置精致的阅览室里有沙发和扶手椅,写字台

和牌桌四下分散，书桌贴着四面墙摆了一圈，玻璃书架摆在图书馆的一侧，整个图书馆都用桃花心木装饰，刻有沟纹的白色木质圆柱同时也支撑着上方的夹板。

"泰坦尼克号"的沉没也在图书馆界激起了不小的波澜。哈佛毕业的图书收藏家哈利·埃尔金斯·威德纳不幸遇难，于是他的母亲埃莉诺·埃尔金斯·威德纳向哈佛捐献了一座图书馆，用来纪念她的儿子。[1] 1915年，哈利·埃尔金斯·威德纳纪念图书馆建成，馆内收藏了威德纳的私人藏书，这3300册珍本善本也是图书馆最重要的文献资料。

注 释

1 传说，考虑到儿子的悲惨遭遇，威德纳夫人在捐赠时提了一个要求，那就是所有的学生都必须学游泳。第二个传言说威德纳夫人立了遗嘱，额外捐给哈佛大学一笔钱，让所有的学生每天都吃一份冰淇淋作为甜点，因为这是她儿子最喜欢吃的甜食。可惜的是，并没有任何证据可以证明这些可爱的要求是真实的。

图书馆的规章制度

大部分人在脑海中勾勒图书馆的场景时,总会想到一个安静的地方,可能还有一个严厉的图书馆馆员正戴着半月形镜片的眼镜盯着整个阅览室,怒气冲冲地发出一声:"嘘——!"很多图书馆的规章制度都大同小异,下文选取了部分图书馆的规定作为参考。

剑桥大学图书馆

◆ 在图书馆里要尽可能保持安静。

◆ 入馆时,大衣、其他外套、雨衣、雨伞、书包、旅行箱、复印设备和类似的个人物品必须存放在入门大厅旁边的衣帽间内。

◆ 请勿将墨水瓶、涂改液和其他会污损图书的物品带入馆内。

牛津大学博德利图书馆

◆ 请勿将宠物、动物带入馆内,辅助犬除外。

◆ 必须遵从图书馆工作人员所有的合理指示和安排。

◆ 请勿骚扰读者、工作人员和图书馆访客。

伦敦大英图书馆

◆ 要考虑其他读者的感受，不能打扰他人，不能侵犯他人的隐私。若确有需要进行交谈，请尽量放低音量。

◆ 在使用互联网时，请勿浏览任何极端的、不适合公开播放观看的内容，以免打扰、冒犯他人或引起他人心理上的不适。

◆ 手机必须关机或者调至静音状态。禁止拨打和接听电话，尽量减少手机打字发信息的频率。

◆ 严禁在图书上进行任何形式的书写和标记。

◆ 请勿将可能会对图书造成损坏的物品带进阅览室。这些物品包括但不仅限于：钢笔、便利贴、食物、饮料、甜食（包括润喉糖）、口香糖、胶水、墨水瓶、涂改液、清洁剂、剪刀、小刀（包括美术刻刀和刀片）、荧光笔、笔式扫描仪、便携扫描仪、胶带和雨伞。

梵蒂冈图书馆

◆ 进入图书馆的读者在阅览室和整个书库须保持绝对的安静,交谈只能在庭院和图书馆咖啡厅里进行。

◆ 严禁打扰他人的学习和工作,例如大声喧哗或者使用任何会制造噪音的设备。

◆ 读者必须着装得体,在古老的文化与学习场所里出现的个人形象不能有碍观瞻。

◆ 进入图书馆前必须关闭手机,在图书馆内严禁使用任何电子通信设备。

◆ 所有读者都必须严格要求自己的举止,要符合图书馆的礼仪规范。

◆ 任何个人和团体的行为不得违反图书馆的礼仪规范和规章制度。

纽约公共图书馆

◆ 纽约公共图书馆禁止任何打扰、干扰或涉嫌打扰、干扰图书馆的正常运作或者干扰图书馆工作人员与其他访客的行为。这些行为包括:

◆ 骚扰或者威胁性行为。

◆ 使用不文明或侮辱性的语言和手势。

◆ 制造不合理的噪音，包括大声交谈、进行电话通话等。

◆ 性交和其他淫秽下流的行为。

◆ 将刀片、枪支或者其他武器带入图书馆。

◆ 吸烟。

◆ 在规定区域外进食或饮用水和饮料。

◆ 喝酒和使用非法药物。

◆ 在图书馆内或入口大堂睡觉。

◆ 不合理使用卫生间，比如洗衣服和洗澡。

◆ 进行招募、请愿和拉票活动。

◆ 进行物品和服务的买卖活动。

◆ 使用自行车、溜冰鞋、滑板、踏板车或类似装备。

中国国家图书馆

◆ 请勿在馆区内从事与国家图书馆所提供服务无关的活动。

◆ 请勿携带食品、液体物品入馆。

◆ 禁止在馆区内吸烟和使用明火，禁止携带易燃、易爆、有毒等危险品。

◆ 请注意仪表着装，衣冠整洁得体，言谈举止文明。

馆藏珍品：《海湾诗篇》

1640年问世的《海湾诗篇》是北美洲的第一部印刷书籍，有11本保存至今，其中只有5本是完整的，因此这是一部异常珍贵的书。[1] 这本书是一部圣歌集，记载了新殖民地的定居者要在马萨诸塞海湾吟唱的一组押韵的圣歌。印刷设备是乔斯·葛洛弗与其妻伊丽莎白从英格兰一路漂洋过海运来的，不幸的是，乔斯还未抵达新大陆就在船上去世了，他把印刷机留给了伊丽莎白和他的学徒斯蒂芬·达耶，嘱咐他们要在美洲开设当地第一个印刷工坊。据估计，斯蒂芬·达耶印出了1700本《海湾诗篇》。达耶之前是一名锁匠，这份工作对他来说是一个挑战，这本书里也有很多相当有意思的排印和印刷错误。所有这11本现存的初版《海湾诗篇》目前保存在世界各地多个图书馆和机构内，如：美国国会图书馆、耶鲁大学图书馆、哈佛大学图书馆、博德利图书馆[2]、布朗大学图书馆、亨廷顿图书馆、美国古董协会、杜克大学、纽约公共图书馆、波士顿公共图书馆，以及费城罗森巴赫博物馆与图书馆。

注 释

1 在2013年的一场拍卖会上，其中一本《海湾诗篇》以1420万美元的价格卖出，使得它成为世界上价格最昂贵的印刷书籍。买家大卫·鲁本斯坦将这本书借给了杜克大学。
2 博德利图书馆内的这本来自托马斯·塔内尔主教的私人藏书，这也是北美地区之外唯一一本《海湾诗篇》藏本。

一些值得一提的有趣的特别馆藏

特别馆藏通常是一系列个人在捐赠或出售给图书馆前自己收集和收藏的图书、手稿和档案。鉴于每一部分的藏品都具有其特色,它们通常都作为一个特别馆藏系列出现,而并不纳入其他常规图书中。

世界上的很多图书馆都收藏有好些令人着迷的、别出心裁的特别馆藏,这些藏品通常都是由受人敬仰的个人收藏家收集起来并安排陈列展出的。下面是一些值得一提的、新奇有趣的特别馆藏:

约翰·约翰逊的短效印刷藏品 约翰·约翰逊短效印刷藏品陈列于牛津大学博德利图书馆内,其藏品规模是世界上首屈一指的。内容包括了日常的短效印刷品,例如传单、广告、宣传册、贺卡、菜单和明信片,大部分都是18世纪至20世纪初的产品。这些藏品能为人们了解英国的社会历史发展提供一个别样的迷人视角。

克利夫兰公共图书馆的约翰·怀特国际象棋和西洋跳棋书库　克利夫兰的居民约翰·格里斯瓦尔德·怀特（1845—1928年）是克利夫兰公共图书馆董事会的董事长。在任期间，他为图书馆的特别馆藏做出了很大贡献，其中就包括一个数量可观的国际象棋和西洋跳棋资料库。这是世界上规模最大的国际象棋和西洋跳棋相关书籍的藏书资料库，包括3万余册图书，还有棋子、锦标赛获奖纪录和象棋界翘楚和高手（比如鲍比·费舍尔[①]）的信件。

伦敦经济学院的女性图书馆　这座女性图书馆里收藏有自19世纪中期以来与女性息息相关的重大历史社会事件的文献资料，包括了书籍、宣传册、期刊、档案和与女性选举权运动有关的博物馆展览品。

纽约公共图书馆的烟草系列　1944年，美国烟草公司的创始人之一乔治·艾伦兹把他个人名下跟烟草业的历史和消费有关的书籍、明信片、票证和相关资料物品捐赠给了纽约公共图书馆。这是世界上规模最大的烟草相关系列藏品。其中一些有特色的藏品有：12.5万张香烟盒画片；一本出版于1507年

---

① 美国国际象棋传奇棋手、世界冠军。

的马丁·瓦尔德泽米勒[1]的《宇宙学入门》，其中有史上最早的关于使用烟草的记录；还有查尔斯·狄更斯曾经用过的一个锡制鼻烟壶。

杜伦大学图书馆的苏丹档案馆　在苏丹档案馆里收藏有1957年捐给杜伦大学图书馆的超过800箱文档、5万多张图片、1000张地图以及很多博物馆藏品，这些都是跟英国对苏丹进行殖民统治时英治埃及共和国（1899—1956年）有关的资料。

丹麦皇家图书馆路德维希·温梅尔的如尼文研究资料库　这部分藏书是1915年捐给图书馆的，包括了1895—1908年间出版的初版丹麦如尼文铭文所使用的图案和纸板模型。此外，还有600多册关于如尼文文字和如尼文铭文的书籍。

苏赛克斯大学的民意调查档案馆　自1937年始，英国就开始进行民意调查，旨在收集普通英国民众对一切问题的看法，问题五花八门，从战时资源分配制度的影响到对威尔士王妃戴安娜之死的看法都

---

[1] 德国地图画家，首次在地图上使用"亚美利加"一词来表示美洲。

应有尽有。档案馆里存放的调查资料、个人信件、照片、日记等生动地展示了英国人生活的令人着迷的方方面面。

法国国家图书馆的马戏团资料库　法国国家图书馆的表演艺术部门收集了一系列关于马戏团表演艺术的资料,包括各式照片、小丑的服装、服装设计和马戏团海报。

关于护士的爱情小说书库　威斯康星-密尔沃基大学图书馆收集了一批20世纪50—70年代的爱情小说,共425本,这些小说的主人公都是护士。这一批书籍是艺术家、教授莱斯莉·贝拉万斯为了她的研究课题"护士在流行文化中的形象"而收集的。2005年,她把这批书籍捐赠给了图书馆。

儿童图书阅览室

为孩子在图书馆里设立专门的阅览室这件事在相当长一段时间内都没有被提上日程,这从一定程度上来说与一句维多利亚时期的谚语相呼应:"大人在说话,小孩别插嘴。"不过,1870年英国开始实施国民教育计划,儿童的识字率大为增长,因此图书馆里的儿童读物就成了刚需。此外,也有必要把喧闹的孩子和安静的大人分别安排在不同的阅览室里,这也是有关部门考虑设立专门的儿童图书阅览室的原因之一。

大家普遍认为,第一间单独的儿童图书阅览室是1882年在诺丁汉公共图书馆建成的,不过这个设立儿童图书阅览室的理念却是在美国得以真正生根发芽。1890年,马萨诸塞州的布鲁克莱恩公共图书馆设了一个儿童图书阅览室。1895年,波士顿公共图书馆的儿童图书阅览室也开放了,阅览室里有3000册适合儿童阅读水平的图书。英国的图书馆馆员斯坦利·贾斯特在1903年到访美国时，写下了他在儿童图书阅览室的见闻：

> 当你走进这些儿童阅览室，走进这些崭新的建筑，你会看到布置得舒适而精致的房间，雕刻得精美的木制品等等。最近刚开放的位于布鲁克林区的太平洋海滩图书馆有舒适的壁炉和燃着温暖炉火的角落可供孩子们在冬天的夜晚坐在炉火旁读他们的书……墙上挂着很精致的画，位置较高的架子钉了木板，木板上搭着绿色粗呢，画就被固定在上面。整个房间看起来明亮又明媚，能一直给孩子们带来视觉上的享受，也使他们的头脑更加充实。[1]

但是，很多早期的儿童阅览室一点儿也不像如今的一样明亮、活泼。相反，它们都是以教室为模板来设置的，书桌一列列摆得整整齐齐、一丝不苟，墙面是死板的惨白色。直到20世纪二三十年代，图书馆里的儿童图书阅览室才布置得更符合儿童的年龄特征，设置了故事角，可以给孩子们讲故事，还添加了很多可爱的摆设。1937年，儿童图书管理协会在英国成立（于1949年与图书馆协会合并），这也表示专门为儿童而设置的图书馆服务已经成了英国和其他国家公共图书馆行业的重要组成部分。

注 释

1 选自《图书馆协会记：第七册》(1905年版)中的"对美国图书馆的一点儿印象"。

白手套

"在接触珍本善本图书或手稿时必须戴一双白手套"是一个流传已久的"神秘传说"。今天,这一印象仍深入人心,以至于电视上要是出现没有戴手套的专家的形象,总有民众会打电话去投诉。诸如此类关于"没戴白手套"的抱怨和投诉实在是来得太频繁,因此大英图书馆在2011年颁布了若干官方管理条例。这些条例指明,白手套(或者其他任何颜色的手套)会降低手指的灵敏度,并因此造成对珍贵资料的损害。实际上,到目前为止,使用干净而干燥的手直接触碰仍是处理古书古籍最有效、最安全的方式。

馆藏珍品：《奎德林堡〈圣经〉残本》

《奎德林堡〈圣经〉残本》是当今世界上现存的最古老的泥金装饰《圣经》手稿。残本有6张对开页，是一本含有部分《圣经》内容的大开本绘图图书遗留下来的，据称年代可以追溯到公元420年的罗马时代。这些书页是在1865年、1866年和1877年分别分批在德国的奎德林堡发现的，当时，人们按照17世纪的通行方法把它们像书册一样装订起来，继续进行阅读。这些现存的精致书页上有《旧约·撒母耳记（上）》的拉丁文，还有14幅古典时期末期风格的小型插图。在这些褪色的插画下面还写有对画家的指示，告诉他们该画哪一场景，这对了解和研究这一时期图书的制作方式有非常宝贵的价值。1875年起，该残本就成了柏林州立图书馆的藏书库存的一部分（普鲁士文化遗产州立图书馆，编号：Cod. theol. lat. fol. 485）。

大英图书馆的基础馆藏资源

大英博物馆1753年成立的时候,馆内收藏的手稿可分为三大部分,现在通常称之为"基础馆藏",这也是后来大英图书馆馆藏的重要组成部分。大英图书馆的基础馆藏分为以下几个部分:

科顿馆藏资源

罗伯特·科顿爵士(1571—1631年)在他的一生当中为他的私人图书馆收集了数量可观的英国文学、历史和宗教书籍。科顿的图书馆有14个书柜,每一个上都摆着不同的罗马皇帝雕像。每一个书架上都标有一个字母,每一卷书都标有罗马数字。这就是说,他的所有藏书都有十分清晰明了的编号,这样的编号至今仍在使用(比如,他馆藏中的宝贝《林迪斯法恩福音书》编号是"Cotton Nero D IV")。科顿去世后,他的孙子约翰·科顿爵士按照遗嘱,在1702年把祖父的藏书捐给了国家。1731年,在这部分图书暂时存放于阿什伯纳姆图书室时,一场严重的火灾完全烧毁了一部分手稿,大部分手稿也遭到了破坏。

哈利馆藏资源

第一代牛津伯爵罗伯特·哈利(1661—1724年)和他的儿子第二代牛津伯爵爱德华·哈利(1689—1741年)一起收集、收藏了非常多的珍贵手稿。这些手稿是中世纪早期到文艺复兴时期之间的文献,大部分是德语、法语和意大利语写成的,其中包括了很多重要的宗教文献,比如9世纪早期《努纳敏斯特祈祷书》(编号:Harl.2965)和两卷13世纪的《教导圣经》(编号:Harl.1526 和 1527)。

斯隆馆藏资源

物理学家、科学家和收藏家汉斯·斯隆爵士(1660—1753年)收集了数量惊人的植物标本、古董、各式奇珍异宝、书籍和手稿。1753年,国家斥资把这部分收藏从他手里买了下来。斯隆的古董珍品成了大英博物馆馆藏的基础,而他的手稿则成为大英图书馆基础馆藏的重要组成部分。斯隆的手稿里有非常丰富的自然历史、自然科学和医学图书和文献，其中有很多关于早期医学手术的记载，还有一些很有意思的中世纪动物寓言故事。

—图书馆发展年表—

约公元前627年	亚叙巴尼帕图书馆在亚叙古国首都尼尼微（今伊拉克）附近设立。
约公元前600年	第一座大学图书馆，巴基斯坦的塔克什拉佛学院成立。
约公元前300年	亚历山大城古图书馆成立。
约公元前245年	亚历山大城图书馆馆员编纂了世界上第一部图书分类编目《皮纳克斯》。
公元前197—前59年	土耳其国王欧迈尼斯二世设立帕加马图书馆。
公元前28年	阿波罗图书馆（帕拉丁图书馆）在罗马对外开放。
公元132年	哈德良图书馆在雅典设立。
约150—450年	现代图书的"祖先"——手抄本出现、发展和推广。
约357年	君士坦丁二世设立君士坦丁堡帝国图书馆。
约563年	圣哥隆邦在苏格兰艾奥那群岛上设立修道院、图书馆和缮写室，据说《凯尔经》就是大约在公元8世纪在此地撰写而成的。
1204年	十字军摧毁了君士坦丁堡的帝国图书馆。

1227年	拥有8万藏书的"智慧之家"图书馆在伊拉克巴格达建立。
1258年	蒙古人入侵并摧毁了"智慧之家",据记载,底格里斯河的河水里"全都染成了墨水的黑色"。
1289年	巴黎大学索邦图书馆对外开放。
1345年	理查德·德·伯利主教(1287—1345年)完成了第一本关于图书馆馆员的书籍《书之爱》的写作。
1370—1420年	格罗斯特大教堂加建了20间研习室,开有窗户以利于采光,供修道士们进行阅读和写作。
1371年	牛津大学墨顿学院图书馆对外开放,该图书馆直至今日仍在使用。
1452年	意大利切塞纳的马拉特斯塔图书馆对外开放,这也是世界上历史最悠久的公共图书馆。
1455年	西方第一本使用活字印刷术印刷的图书《谷登堡圣经》在德国出版。
1476年	威廉·卡克斯顿把印刷术引入英国。
1481年	梵蒂冈图书馆编纂的图书编目显示当时馆内图书量达到3500册。
1536—1541年	亨利八世撤除了英国数百座中世纪修道院,导致了当时很多重要的图书馆的关闭和消失。

1602年	托马斯·博德利爵士重建了牛津大学的老图书馆,牛津大学博德利图书馆成立并对外开放。
1610年	托马斯·博德利与英国出版同业会达成一致协议,每一本在英国国内出版的图书都要向他在牛津大学的图书馆提交一份副本,图书呈缴本制度的概念诞生。
1612年	梵蒂冈机密档案室成立。
1638年	约翰·哈佛的400册藏书作为他的遗赠捐给了哈佛大学,哈佛大学图书馆成立。
1653年	曼彻斯特的切塔姆图书馆被捐赠给当地政府,改设为免费的公共图书资料馆。
1692年	巴黎的法国皇家图书馆(现法国国家图书馆)对公众开放,这也是第一家免费对外开放的国家图书馆。
1710年	世界上第一部著作权法《安妮法》通过,法律条文规定每本图书的作者依法享有为期14年的著作权。
1731年	本杰明·富兰克林成立了费城图书馆协会,这也是一家会员制图书馆。
1747年	罗德岛的红木图书馆和古文献馆对外开放,这是美国历史最悠久的借阅图书馆,至今仍在原址原馆正常运营。
1759年	大英图书馆的前身——大英博物馆图书馆在伦敦对外开放。

1791年	图书卡片分类编目法在法国大革命期间发明并得以推广和广泛使用。
1793年	丹麦皇家图书馆在哥本哈根对公众开放。
1800年	约翰·亚当斯总统签署了设立美国国会图书馆的法令。
1814年	英军入侵华盛顿,焚毁了国会图书馆,烧毁了当时约5000册图书。
1833年	北美的第一座公共图书馆在新罕布什尔州彼得伯勒对外开放。
1841年	世界上规模最大的独立借阅图书馆——伦敦图书馆对外开放。
1850年	英国通过《公共图书馆法令》,赋予地方政府设立免费公共图书馆的权力。
1853年	第一届图书馆馆员大会在纽约市举办,与会的图书馆馆员代表有80位。
1857年	世界上最早的流动图书馆之一在英国坎布里亚郡开业。
1870年	《美国著作权法令》通过,该法令规定在美国境内出版的图书要向国会图书馆呈缴两份样本。
1876年	麦尔威·杜威出版了杜威十进制图书分类法的执行指南。
1879年	大英博物馆在图书馆阅览室里安装了电灯。
1883年	安德鲁·卡内基在他的家乡苏格兰丹弗姆林开设了第一座公共图书馆。

1887年	麦尔威·杜威成立图书馆管理学院以培养图书馆馆员人才。
1897年	规模更大的国会图书馆新馆——托马斯·杰弗逊馆在华盛顿对外开放。
1911年	纽约公共图书馆对公众开放。
1926年	美国图书馆协会大会正式批准使用微缩胶片来记录和储存文献文件资料。
1939—1941年	富兰克林·罗斯福总统设立了总统图书馆制度。
1960年	机器可读目录（MARC）开始使用，所有的图书开始使用计算机系统进行数字化分类编目。
1971年	谷登堡计划启动，这是第一个免费的电子书网络数据库。
1973年	英国国会通过法令批准建立大英图书馆。
1979年	英国公共借阅权设立，图书馆每本图书在每次借出时，该组织都向该书作者支付一定数额的钱作为补偿金。
1995年	学术期刊电子数据库JSTOR建立。
1997年	大英图书馆的圣潘克拉斯新馆对外开放。
2002年	谷歌电子书项目启动，用以将图书制作成电子版，使公众可以在网络上免费阅读这些图书。

—中外文译名对照表—

American Library Association　美国图书馆协会
American Library in Paris　巴黎的美国图书馆
archives, writers'　作家档案馆
art libraries　艺术图书馆
audiobooks, most borrowed　借阅次数最多的有声书
authors' libraries　作家们的藏书
authors, most popular　最受欢迎的作者

Beinecke Rare Book Library, Yale University　耶鲁大学拜内克珍本图书馆
Bibliothèque nationale de France　法国国家图书馆
Bodleian Library, Oxford　牛津大学博德利图书馆
book formats　书籍的形式
book storage　图书的储存
borrowing statistics, UK　借款变化
British Library　大英图书馆
British Museum　大英博物馆

Cambridge University Library　剑桥大学图书馆
Carnegie, Andrew　安德鲁·卡内基
catalogues　分类编目

censorship 审查

Chetham's Library 切塔姆图书馆

children's libraries 儿童图书阅览室

Darwin, Charles 查尔斯·达尔文

Dee, John 约翰·迪伊

Dewey, Melvil 麦尔威·杜威

digital library 数字图书馆

fines 图书馆滞纳金

herbaria 植物标本室

Huntington, Henry E. 亨利·E.亨廷顿

inscriptions, library 图书馆建筑上的刻字

legal deposit 呈缴本制度

librarians 图书馆馆员

  famous 著名的图书馆馆员

  patron saints of 图书馆馆员的主保圣人

  world's first 第一位图书馆馆员

libraries 图书馆

  chairs 图书馆的椅子

  circulating 流通图书馆

  enemies of 图书馆的"天敌"

fictional 虚构图书馆
on film 电影中的图书馆
glossary 图书馆相关术语词汇表
ten largest 十大图书馆
lighting 图书馆的照明
lost 失落的图书馆
national 国家图书馆
in quotations 名人名言中的图书馆
rules 图书馆的规章制度
of seeds 种子图书馆
of smells 气味图书馆
superlatives 图书馆之最
UK's busiest 英国最繁忙的图书馆
library hand 图书馆手写体
Library of Congress 美国国会图书馆
loans by genre 借阅量最大的图书种类

Magicians' Library 魔术师图书馆
mobile libraries 流动图书馆
Morgan, J. P. J. P. 摩根

New York Public Library 纽约公共图书馆

philanthropists 图书馆慈善家
presidential libraries 总统图书馆

prison libraries 监狱图书馆
Public Lending Right (PLR) 公共借阅权
public libraries 公共图书馆

Restricted Titles 禁书
Royal Library of Alexandria 亚历山大皇家图书馆
Rylands, John 约翰·赖兰兹

Shackleton, Ernest 欧内斯特·沙克尔顿
shelfmarks 索书号
special collections 特别馆藏

theft, book 窃书贼
timeline 图书馆发展年表
Titanic library "泰坦尼克号"上的图书馆
Treasures 馆藏珍品
  Bay Psalm Book 《海湾诗篇》
  Book of Kells 《凯尔经》
  Declaration of Independence 《独立宣言》
  Diamond Sutra 《金刚经》
  Gough Map 《高夫地图》
  Gutenberg Bible 《谷登堡圣经》
  Hamburg Bible 《汉堡圣经》
  Quedlinburg Itala fragment 《奎德林堡〈圣经〉残本》
  Winnie-the-Pooh 小熊维尼

Trinity College Dublin library 都柏林圣三一大学图书馆

university libraries 大学图书馆

Vatican Library 梵蒂冈图书馆

white gloves 白手套

Widener Library, Harvard University 哈佛大学怀德纳图书馆

图书在版编目（CIP）数据

图书馆杂记 /（英）克莱尔·科克-斯塔基著；陆紫莹译. — 北京：商务印书馆，2020
ISBN 978 - 7 - 100 - 18846 - 3

Ⅰ. ①图… Ⅱ. ①克… ②陆… Ⅲ. ①图书馆 — 介绍 — 世界 Ⅳ. ①G259.1

中国版本图书馆 CIP 数据核字（2020）第140081号

权利保留，侵权必究。

图 书 馆 杂 记

〔英〕克莱尔·科克-斯塔基　著
陆紫莹　译

商 务 印 书 馆 出 版
（北京王府井大街36号　邮政编码 100710）
商 务 印 书 馆 发 行
山西人民印刷有限责任公司印刷
ISBN 978 - 7 - 100 - 18846 - 3

2022年4月第1版	开本 760×960 1/32
2022年4月第1次印刷	印张 6⅞

定价：55.00元